*WINTER IN DER KÜCHE*

Oskar Marti

Ein Poet am Herd

# Winter in der Küche

Illustriert von Flavia Travaglini

Hallwag Verlag
Bern und Stuttgart

Hauptspeisen und kleine Gerichte, die mit einem * versehen sind, eignen sich auch für Vegetarier.



Lektorat: Eva Meyer, Christine Mörl
Gestaltung: Robert Buchmüller
Satz, Fotolithos und Druck:
Hallwag AG, Bern
Bindung: Burkhardt AG, Mönchaltdorf

ISBN 3-444-10415-4

Hallwag

# Inhalt


7 Zum Geleit

## Dezember

11 Eingemachtes für die Festtage
20 Das Einmachen
25 Konfekt und Kekse zum Schenken und Genießen
31 Ein besonderes Menü zum Barbaratag
35 St. Nikolaus bringt Lebkuchen
39 Nikolaustag
41 St. Nikolaus bittet zu Tisch
45 Das Menü zum 8. Dezember - «Mariä Empfängnis»
51 Geburtstagsdiner für den Schützen
55 Sauerkraut
65 Weihnachtsmenü
74 Chicorée (auch Brüsseler genannt)
78 Ein Honigschlecken
82 Punsch
86 Schnapsideen - Geschenkideen
90 Früchte und Beeren, in Liköre und gebrannte Wasser eingelegt
93 Das Galamenü zu Silvester

## Januar

99 Der Neujahrstag
106 Bauernmarkt
110 Topinambur - die Knolle, die keine Kartoffel ist
114 Dreikönigstag
116 Kohl und Co.
121 Suppenkaspar
126 Wintermärchen
129 Geburtstagsdiner für den Steinbock
134 Trüffelschnüffler
140 Apfel- und Birnengerichte aus der guten alten Zeit
148 Gemüse als Nachspeise
153 Süße Vitamine zu Tee und Kaffee

## Februar

156 Gewürze adeln Rezepte
165 Geburtstagsdiner für den Wassermann
170 Knoblauch - geliebt und gehaßt
176 Sag es mit Blumen - Menü zum Valentinstag
180 Fastnacht
184 Käse-Symphonien
186 Backen im Einmachglas

190 Erntetabellen für Wildpflanzen
192 Tips zum Sammeln und Aufbewahren von Wildpflanzen
193 Rezeptverzeichnis nach Speisenfolge
197 Alphabetisches Rezeptverzeichnis

# Zum Geleit

Es ist Winter, die Natur schläft. Die Menschen richten sich häuslich ein, nur wer muß, geht vor die Tür. Der Ofen spendet wohlige Wärme, man liest, spielt und bleibt länger bei Tisch.

Der Winter ist die Zeit der Gerüche im Haus. Natürlich kommen sie aus der Küche, entsteigen – herb und kräftig – den Töpfen oder – süß und würzig – dem Ofen.

Es ist die Zeit der Kinder und der Erinnerungen: St. Nikolaus, Weihnachten, Silvester, Fastnacht; wenn man die Augen schließt, weiß man, wie diese Feste duften, duften müssen.

Es ist auch die Zeit, wo das Haus gefüllt ist mit liebevoll angelegten Vorräten: Zwiebeln, Kohl und Äpfel im Keller, Eingemachtes und Getrocknetes in den Schränken. Die Ernte des Jahres liegt geborgen im Haus.

Das ist der Winter! Ihn einzufangen und seinen Reichtum an Gaben, Düften und Stimmungen wiederzugeben schafft nur ein Koch, der auch Künstler ist, oder ein Künstler, der auch Koch ist – eben ein Poet am Herd.

Oskar, ich gratuliere Dir zu diesem Buch.

Anton Mosimann

ANTON MOSIMANN

# DER WINTER

*Die Gemüsegärten, die Felder, die Obstplantagen, die Wälder – alles ist in ein weißes Kleid gehüllt und ruht. Ein eisiger Wind streicht über die abgeerntete Landschaft. Die Tage sind kurz, die Finsternis beherrscht den Tag. Die dunklen Wintermonate sind auch für uns Menschen zum Entspannen, zum Erholen und zum Träumen bestimmt.*
*Der Winter ist die Jahreszeit, in der man von den Früchten der vergangenen Ernte lebt und neue Wahrnehmungen spürt. Es ist die Zeit der Rückbesinnung auf den milden Frühling, den heißen Sommer und den bunten Herbst. Eingelegtes, Eingemachtes, Eingesalzenes, Eingekochtes, Geräuchertes und Eingefrorenes sorgen für einen reichgedeckten Tisch.*

Der herannahende Winter hat immer etwas Geistiges an sich.
Man zieht sich in seinen innersten Bau zurück
und lagert sich um ein bißchen Glut, das man hier vorfindet.
Die letzte Wärmereserve, ein Teilchen vor der ewigen.
Ein Körnchen davon genügt für ein Menschenleben.

PAUL KLEE

# BAUERNREGELN

Wenn im Dezember der Weinstock trocken einfriert,
so kann er mehr Kälte vertragen als ein Fichtenbaum.

***

Je tiefer der Schnee, um so höher der Klee.

***

Ist der Winter warm,
wird der Bauer arm.

***

Donnert's ins leere Holz,
wird's schneien ins Laub.

***

Dezember kalt mit Schnee
gibt Korn in jeder Höh'.

***

Wird es in der Christnacht schneien,
kann sich der Hopfenbauer freuen.

***

Silvesternacht wenig Wind und Morgensonn'
gibt viel Hoffnung auf Wein und Korn.

***

Dezember mild mit viel Regen
ist für die Saat kein großer Segen.

***

Wer sein Holz um d'Christmett fällt,
dem sein Haus wohl zehnfacht hält.

***

Bringt St. Stephan (26. Dezember) Wind,
die Winzer nicht fröhlich sind.

# EINGEMACHTES FÜR DIE FESTTAGE

*Wer wie die Eichhörnchen seine Vorräte für den Winter anlegt, muß sich schon im Frühling besinnen, was er im Winter genießen möchte.*
*Erinnerungen an (Ur-)Großmutters Zeiten werden wach, als man noch voller Spannung und Vorfreude in den Keller stieg, um ein Glas Kompott oder Konfitüre heraufzuholen. Diese Zeiten sind nicht vorbei, denn es gibt viele Gründe und Möglichkeiten, diese Traditionen fortzusetzen oder wieder aufzunehmen.*
*Anregungen und Anleitungen dazu geben Ihnen die Bücher*
*«Frühling in der Küche»*
*«Sommer in der Küche»*
*«Herbst in der Küche»*

# *RILLETTES/VERHACKERTS*

*Die Zubereitung dieser kräftigen Fleischspezialitäten für die Wintermonate war früher weit verbreitet, wird aber auch heute noch in mehreren europäischen Regionen, zum Beispiel in der Steiermark und in der Gascogne, gepflegt. Rillettes werden meist als kalte Vorspeise, häufig aber auch als Brotaufstrich oder als Vesper aufgetragen und sind stets eine willkommene geschmackliche Abwechslung. Die Vorbereitung dieser Köstlichkeit beansprucht viel Zeit, dafür kommen Sie bei unerwartetem Besuch nicht in Verlegenheit. Zum Aufbewahren der Rillettes (oder, wie sie die Köche aus der Steiermark nennen, «Verhackerts») eignen sich am besten nicht allzu große Sterilisiergläser. Im Kühlschrank sind Rillettes bis zu drei Monaten haltbar.*

## *TIPS FÜR DIE KREATIVE KÜCHE*

*Rillettes können mit einem Eßlöffel in Muschelform abgestochen und auf kleinen getoasteten Schwarzbrotscheiben serviert werden.*

## *ABLEITUNGEN UND ANRICHTUNGSARTEN*

*Mit etwas Phantasie können Sie Ihre persönlichen Beilagen wählen. Zur Einstimmung mache ich Ihnen ein paar Vorschläge, womit Sie Ihre Rillettes servieren können.*

### *RILLETTES MIT KOHLSALAT*

*(siehe Rezept «Rustikaler Kohlsalat», Seite 117) und Preiselbeerkompott (Rezept siehe «Herbst in der Küche»)*

### *RILLETTES MIT SAUERKRAUTSALAT*

*(Rezept siehe Seite 56) und roten Holunderbeeren (Rezept siehe «Sommer in der Küche»)*

### *RILLETTES MIT APFELSALAT*

*Äpfel in kleine Würfel schneiden, mit wenig Zitronensaft beträufeln und mit geschlagener Sahne und etwas Joghurt vermischen.*

### *RILLETTES MIT CHICORÉE UND ORANGENFILETS*

*Chicoréeblätter sternförmig auf einen Teller anrichten, mit filetierten Orangen garnieren, mit frisch geraffeltem Meerrettich bestreuen und mit einer leichten Salatsauce aus Essig, Öl, Salz und Pfeffer beträufeln.*

*RILLETTES MIT RANDEN-APFEL-SALAT*
*Gekochte Randen noch warm in kleine Würfel schneiden und über Nacht mit Salz, Pfeffer, Essig und Öl marinieren. Abtropfen lassen, mit gleich großen Apfelwürfeln vermischen und mit geschlagener Sahne leicht vermengen.*

*RILLETTES MIT IN HONIG EINGEMACHTEN ÄPFELN*
*Dazu eignen sich am besten Rillettes aus Geflügel- oder Schweinefleisch. Mit dem Eßlöffel kleine Muscheln abstechen, auf kleinen Schwarzbrotscheiben anrichten und mit «Eingemachten Äpfeln in Honig» (Rezept siehe Seite 21) servieren.*

*OCHSENSCHWANZ-RILLETTES MIT TOMATENCHUTNEYSAUCE*
*Mit einem Eßlöffel kleine Muscheln von Ochsenschwanz-Rillettes abdrehen und auf Kressesalat anrichten. Frischen Meerrettich darüberraspeln und dazu eine Tomatenchutneysauce (Rezept siehe «Sommer in der Küche») servieren.*

Eine herrliche Spezialität, deren Zubereitung lange und trübe Dezembertage zu schönen Küchenarbeitstagen macht – und an den Festtagen können Sie mit etwas Außergewöhnlichem für Familie, Freunde und sich selbst aufwarten.

## Rillettes aus Gänsefleisch

Ergibt etwa 1 kg
750 g Gänsefleisch, in kleine Stücke geschnitten
500 g Schweinebauch, in Würfel geschnitten
2 dl Wasser
1 Bouquet garni (1 Lauch, 1 Karotte, ½ Sellerie, 2 Lorbeerblätter, 2 Nelken)
Salz, frisch gemahlener Pfeffer
1 Zwiebel, fein gehackt
2 Knoblauchzehen, fein gehackt
1 Karotte, fein gehackt

Das Gänse- und Schweinefleisch mit allen übrigen Zutaten in einen Kochtopf geben. Bei sehr niedriger Temperatur etwa 8 Stunden kochen, bis das Fleisch von den Knochen fällt. Das Fett abschöpfen und beiseite stellen. Das Fleisch mit einer Gabel fein zerkleinern und alle Knochen herausnehmen.

Die Rilettes in glasierte Steinzeuggefäße oder in kleine Sterilisiergläser abfüllen. Eine Schicht von dem zurückbehaltenen Fett darübergießen und das Fleisch vollständig bedecken. Wenn nötig, das Fett dazu erneut erhitzen. Abkühlen lassen, die Töpfe mit Pergamentpapier, die Sterilisiergläser noch heiß mit Gummi und Deckel verschließen und dann an einem kühlen und trockenen Platz aufbewahren. Rillettes halten sich bis zu 3 Monaten, aber sie sollten innerhalb von 1 Woche verzehrt werden, nachdem die Fettdecke einmal durchbrochen worden ist.

*Tip:* Dasselbe Rezept läßt sich auch mit Ente anstelle von Gans zubereiten. Die eigentliche Grundlage von Rillettes ist Schweinefleisch, aber meistens wird Gänse-, Enten-, Tauben- oder Putenfleisch hinzugefügt, um das Aroma zu verfeinern und zu variieren.

## Kaninchen-Rillettes

**Ergibt etwa 1,2 kg**

1 kg Kaninchenstücke
750 g Schweinebauch, in 4 cm große Würfel geschnitten
350 g fester Rückenspeck vom Schwein, in 4 cm große Würfel geschnitten
2 geschälte Knoblauchzehen
1 Stengel Thymian
1 Sträußchen Majoran
½ TL geriebene Muskatnuß
½ TL Zimt
Salz und frisch gemahlener schwarzer Pfeffer
100 g gehackte Pistazien
100 g eingeweichte, geputzte und gehackte Herbsttrompeten
125 g Schmalz
½ dl Cognac

Das Kaninchenfleisch, den Schweinebauch und den Rückenspeck mit dem Thymian, dem Majoran, den Knoblauchzehen und einem Schöpflöffel Wasser in eine schwere Braisiere geben. Zugedeckt bei schwacher Hitze (etwa 150 Grad) im Ofen braten, bis das Fleisch sich von den Knochen löst.

Den Inhalt des Topfes in einen großen Durchschlag über einer Schüssel gießen, Knochen, Haut, Knorpel, Knoblauchzehen und Thymianstengel herausnehmen. Das Fleisch mit einem Stößel zerdrücken, dann mit zwei Gabeln in sehr kleine Stücke reißen. Hierzu braucht man etwas Geduld. Das Fleisch sollte aber keinesfalls im Mixer püriert werden.

Die Fleischmasse in einen Topf geben, mit Muskat und Zimt sowie großzügig mit Pfeffer würzen und etwas von dem abgegossenen Fett und der Kochflüssigkeit hineinrühren. Mit den Pistazien und den Herbsttrompeten vermischen, den Cognac daruntergeben, zum Kochen bringen und salzen. Die Rillettes sollten abgekühlt nicht zu fest werden, also eventuell noch Flüssigkeit beigeben, heiß in Sterilisiergläser einfüllen und abkühlen lassen. Etwa 1 cm dick mit zerlassenem Schmalz bedecken, dann mit einem Deckel oder mit Klarsichtfolie verschließen. Möglichst im Kühlschrank aufbewahren.

Eine bäuerliche Spezialität aus der Region Sarthe nördlich der Loire

## Schweinefleisch-Rillettes

**Ergibt etwa 2,3 kg**

2,5 kg Schweinebauch ohne Schwarte, in 3 bis 4 cm große Würfel geschnitten
2 dl Wasser
60 g grobes Salz
½ TL Pfeffer
2 Lorbeerblätter
2 bis 3 Nelken
1 Bouquet garni (Gemüsebündel mit 1 Lauchstengel, 1 Karotte, ½ Knollensellerie)

Das Fleisch mit sämtlichen Zutaten in einen Bräter füllen. Einen Deckel auflegen und im Ofen bei etwa 150 Grad knapp unter dem Siedepunkt garen lassen. Von Zeit zu Zeit mit einem Holzlöffel umrühren, damit das Kochgut nicht anbrennt. Nach 5 bis 6 Stunden, wenn sich alles Fleisch von den Knochen gelöst hat, die Knochen herausnehmen. Jedes Fleischstück mit einem Holzlöffel zerdrücken, so daß sich fettes und mageres Fleisch gut vermischen. Den Topf für etwa 15 Minuten auf das Feuer setzen, bis die Mischung, der noch das Salz beigegeben wird, den Siedepunkt erreicht. In Sterilisiergläser abfüllen, die Oberfläche mit Fett zugießen, abkühlen lassen. Am nächsten Tag mit Papier bedecken und zubinden. Kühl aufbewahren und innerhalb von 2 Monaten konsumieren.

## Ochsenschwanz-Rillettes mit Lebkuchengewürz

1 kg Ochsenschwanz
750 g Schweinebauch, in 4 cm große Würfel geschnitten
350 g Rückenspeck vom Schwein, in 4 cm große Würfel geschnitten
1½ dl Portwein
1 Sträußchen Thymian
3 Knoblauchzehen
1½ EL Tomatenmark
Salz und frisch gemahlener Pfeffer
1 TL Lebkuchengewürz
125 g Schmalz, zerlassen (von Ente, Gans oder Schwein)

Den Ochsenschwanz in etwa 3 bis 4 cm lange Stücke schneiden. Den Schweinebauch und das Rückenfett mit dem Thymian, den Knoblauchzehen, dem Tomatenmark und dem Portwein in einen schweren Kochtopf geben. Zugedeckt bei schwacher Hitze (höchstens 150 Grad) ungefähr 4 Stunden im Backofen braten, bis das Fleisch sich von den Knochen löst. Den Inhalt des Topfes in einen großen Durchschlag über einer Schüssel geben. Knochen, Knorpel, Knoblauchzehen und Thymian entfernen. Das Fleisch mit einem Stößel zerdrücken, dann mit zwei Gabeln in kleine Stücke zerreißen. Das Fleisch muß sehr fein zerkleinert sein, so daß nur noch Fleischfasern vorhanden sind. Die Fleischmasse mit Salz, Pfeffer und Lebkuchengewürz würzen, etwas vom abgegossenen Fett und der Kochflüssigkeit hineinrühren. Die Menge vorsichtig bemessen, damit die Rillettes nach dem Abkühlen nicht zu fest werden.

Wieder zum Kochen bringen, eventuell etwas nachsalzen und in Sterilisiergläser füllen. Abkühlen lassen. Etwa 1 cm dick mit zerlassenem Schmalz bedecken, dann verschließen und wenn möglich im Kühlschrank aufbewahren. Vor dem Servieren die obere Fettschicht entfernen.

*Tip:* Dieses Gericht schmeckt ausgezeichnet zu Bohnensalat oder lauwarmem Kohlsalat. Auch zu empfehlen als Brotaufstrich mit frischem Meerrettich.

# *EINGEMACHTES GEFLÜGEL (ENTEN, GÄNSE UND HÄHNE) NACH ALTBEWÄHRTEM REZEPT*

*Geflügel hält sich monatelang frisch, wenn es gesalzen, gegart und mit einer Schicht entsprechenden Fettes (Hähne mit Geflügelfett, Enten mit Entenfett und Gänse mit Gänsefett) versiegelt wird. Die Tiefkühltechnik macht diese Art der Aufbewahrung eigentlich überflüssig, und so ist diese wunderbare Zubereitungsart heute leider etwas in Vergessenheit geraten.*

*Die Bauern im Elsaß und im Südwesten von Frankreich entwickelten diese Konservierungsmethode, um das Fleisch ihrer Gänse, die sie nur wegen der Leber für die berühmte «foie gras» züchteten, länger aufbewahren zu können. Das ganze Geheimnis besteht darin, das Fleisch zu salzen, zu garen und dann mit ausgelassenem Fett ganz zu bedecken. Dieses bildet eine luftdichte Schicht, die keine Bakterien eindringen läßt und so das Fleisch vor dem Verderben bewahrt. Meistens haben nur die älteren, dicken Tiere genügend eigenes Fett. Bei jüngerem Geflügel empfehle ich, das entsprechende Fett oder auch Schweineschmalz zusätzlich zu verwenden.*

Die Franzosen nennen diese Zubereitungsart «Confit»

## Konservierte Ente

**Für 8 bis 10 Personen**
2 Enten (6 bis 8 kg)
Schweineschmalz oder Entenfett (falls nötig)
1 dl Wasser
1 Apfel
grobes Meersalz
4 Knoblauchzehen, in feine Scheiben geschnitten
14 schwarze Pfefferkörner
2 Nelken
2 Lorbeerblätter
getrockneter Thymian

Die Enten säubern. Das Fett in der Bauchhöhle und am Magen abschneiden, dann mit etwas Wasser und dem halbierten Apfel bei schwacher Hitze auslassen. Eventuell Schweineschmalz beigeben, wenn es zu wenig Fett gibt. In der Zwischenzeit die Enten in je vier Teile tranchieren, so daß sich 4 Bruststücke und 4 Schenkelstücke ergeben. Salz mit Knoblauchscheiben und Gewürzen gut vermischen und die Fleischstücke gründlich mit dem Gemisch einreiben. In eine Schüssel legen, 24 Stunden an der Kühle stehenlassen, gelegentlich wenden, damit alle Stücke mit Salz bedeckt sind.

Nach 24 Stunden das Salz mit einer Papierserviette abreiben und die Entenstücke mit einem Tuch trocknen. Die Stücke im abpassierten Fett etwa 1 Stunde garen, bis das Fleisch zart und weich ist. Das Fett muß bei niedriger Temperatur nur leicht köcheln, darf aber nie so heiß werden, daß das Fleisch brät. Mit einem Metallspieß die Garprobe machen. Wenn der austretende Fleischsaft nicht mehr rosa, sondern klar ist, die Stücke aus dem Fett nehmen und abtropfen lassen. Das Fett durch ein Sieb passieren und vom Bratensaft trennen. Das klare, flüssige Fett etwa 2 bis 3 mm hoch in einen Steintopf gießen und fest werden lassen. Die Fleischstücke darauflegen, das restliche flüssige Fett so darübergießen, daß alle Stücke vollkommen bedeckt sind und keines die Seitenwand des Topfes berührt.

Wichtig ist, daß wirklich kein Bratensaft im Fett zurückbleibt. Den Topf 2 Tage an der Kühle stehenlassen, dann eventuell noch mehr heißes Fett zugießen, damit Hohlräume, die sich beim Abkühlen des Fettes gebildet haben, ausgefüllt werden. An der Kühle aufbewahren. Bei Bedarf die gewünschte Anzahl Stücke aus dem Topf nehmen und im Fett erwärmen. Mit dem restlichen Fett die übriggelassenen Stücke wieder gut zugießen (luftdicht abdecken).

*Tip:* Auf die gleiche Art können Sie auch Gänse, Hühner oder Hähne konservieren.

Das Konservieren von rohen Fischen ist empfehlenswert, weil sich diese an der Kühle bis zu 3 Wochen halten. Auch sind sie eine herrliche Abwechslung auf dem Speisezettel.

## Marinierter Seeteufel und Lachs mit Senf-Dill-Sauce

**Für etwa 8 Personen**

500 g Seeteufelfilets, gesäubert
500 g Lachs vom Mittelstück, gesäubert und filetiert, Haut am Fisch belassen
6 EL Salz
4 EL Zucker
50 g Dillblätter, kurz geschnitten
20 g weiße Pfefferkörner, grob gemahlen
10 g gestoßene Senfkörner
2 Zitronen, in feine Scheiben geschnitten
250 g Kressesalat (oder Feldsalat)

**Senf-Dill-Sauce**

3 EL grobkörniger Senf
1 EL gehackte Petersilie
2 EL gehackter Dill
1 EL Rotweinessig
1 EL Zucker
$1/3$ TL Salz
frisch gemahlener weißer Pfeffer
3 EL Olivenöl

Die Fischfilets trockentupfen, nicht abspülen. Alle Zutaten außer Zitronenscheiben gut vermischen und die Filets damit einreiben. In eine rostfreie flache Form legen (den Lachs mit der Haut nach unten) und mit dem Rest des Gemischs bestreuen. Mit Zitronenscheiben belegen und mit Klarsichtfolie abdecken. Die Fische etwa 2 Tage im Kühlschrank ziehen lassen, den Seeteufel alle $3/4$ Tage um $1/3$ wenden. Dann die Filets herausnehmen. Das Salz und die Gewürze entfernen. Den Fisch trockentupfen und in Klarsichtfolie einpacken. (Marinierter Fisch ist bis zu 3 Wochen haltbar.)

Für die Sauce Essig, Zucker und Salz mit einer Prise Pfeffer gut verrühren. Senf und Öl beigeben und wieder gut vermengen. Zuletzt Dill und Petersilie daruntergeben.

Vor dem Servieren den Lachs (ohne Haut) und die Seeteufelfilets leicht schräg hauchdünn schneiden und abwechslungsweise rote und weiße Scheiben auf Kressesalat anrichten. Die Senf-Dill-Sauce darüberträufeln.

Dazu servieren Sie getoastetes Weißbrot.

*Tip:* Diese Art des Marinierens von Lachs stammt aus Schweden und wird «Gravlax» genannt. Sie können auch große See- oder Bachforellen wie auch Saiblinge nach dieser Methode marinieren.

# *DAS EINMACHEN . . .*

*. . . neu entdecken und so immer für Überraschungen gewappnet sein!*

*Die häufigste Art, Lebensmittel zu konservieren, haben schon unsere Großeltern angewandt. Das Einmachen oder Sterilisieren ist heute noch die energieschonendste und zugleich billigste Konservierungsmethode. Dazu benötigen Sie Einmachgläser mit entsprechenden Deckeln, die luftdicht verschließen. Die Gläsergrößen richten sich nach der Größe des Haushaltes oder der gewerblichen Küche. In der Regel verwendet man die drei häufigsten Größen: ½ l, 1 l und 1½ l. Es gibt verschiedene Typen von Gläsern: solche mit Rillen-Massivrand, mit Bügel-Feder-Verschluß mit Gummiabdichtung, Flachrandgläser, solche mit Twist-off-Verschluß usw. Die Flachrandgläser sind meiner Meinung nach die besten, weil sie durch breite Gummiringe und sehr breitgeschliffene Ränder besonders gut schließen. Erhältlich sind außerdem sogenannte Sturzgläser, die man vor allem zum Einkochen von Fleisch, Suppen und Saucen verwenden kann; ein fester Inhalt läßt sich durch kurzes Eintauchen der Gläser in heißes Wasser leicht stürzen oder lösen. Vor Gebrauch sollten alle Gläser genau inspiziert werden. Am besten gleiten Sie mit den Fingerspitzen über die Ränder der Gläser und Deckel. Die kleinsten Absplitterungen werden so ertastet, und schadhafte Gläser können ausgemustert werden. Auch Gläser mit Rissen haben keine Chance. Gummidichtungen sollten laufend ersetzt werden. Die Gläser vor dem Füllen immer gründlich auswaschen und sehr heiß klarspülen.*
*Für den Haushalt gibt es den Einkochtopf als Gerät zum Pasteurisieren. Die besten, aber nicht die billigsten sind die automatischen mit Zeitschaltuhr. Sie können sich auch mit einem Wasserbad, einem sogenannten Übertopf, behelfen, indem Sie die heiß abgefüllten Gläser gut verschlossen in heißes, kurz vor den Siedepunkt gebrachtes Wasser stellen und je nach Inhalt 20 bis 30 Minuten leicht aufköcheln.*

*Zuviel Suppe? Zuviel Sauce? Zuviel Ragout, Pfeffer, Eintopf?*
*Es ist nicht nötig, alles und jedes in den Tiefkühler zu verbannen. Ob Suppeneintopf, Sauce oder Ragout: All dies kann man auch pasteurisieren. Bringen Sie das Kochgut nochmals auf den Siedepunkt. Nehmen Sie sauber gewaschene, noch heiße Einmachgläser in der passenden Größe und füllen Sie das kochende Lebensmittel ein. Sofort luftdicht verschließen und etwa 20 bis 30 Minuten im Wasserbad auf 95 Grad pasteurisieren. Die Gläser herausnehmen, abkühlen lassen und im Keller kühl und dunkel aufbewahren. Sie müssen nicht im Kühlschrank gelagert werden. Diese Produkte sind mehrere Wochen haltbar und jederzeit sofort zum Genießen bereit.*
*TIP: Diese Art von Lebensmittelvorbereitung kann ich auch bestens fürs Gastgewerbe empfehlen. Sie haben dadurch keine Reste und keine Verluste mehr. Tote Zeiten können durch Vorproduktion besser ausgenutzt werden.*

Eine Sauce, die immer wieder überrascht!

## Apfel-Chutney

Die Äpfel waschen, schälen, vierteln und das Kerngehäuse entfernen. Die Apfelviertel in Scheiben schneiden. Zwiebeln schälen, in feine Würfel schneiden. Die Rosinen waschen. Alle Zutaten in einen Kochtopf geben und unter ständigem Rühren 30 bis 40 Minuten dick einkochen lassen. In saubere, vorgewärmte Gläser füllen und noch heiß mit Gummiringen verschließen.

*Tip:* Apfel-Chutney paßt zu kalten Pasteten, Wild, Rillettes, gekochtem Rindfleisch, gesalzenem oder gebratenem Schweinefleisch. Besonders zu empfehlen zu Ente oder Gans.

1 kg säuerliche Äpfel
100 g Zwiebeln
1 TL Ingwerpulver
150 g Rosinen
1 EL Senfkörner
1 gestrichener TL Salz
1 Msp Cayennepfeffer
¼ l Weinessig
600 g brauner Kandiszucker

## Eingemachte Äpfel in Honig

Honig, Essig, Nelken und Zimt zusammen mit den Lorbeerblättern erhitzen, dann die Äpfel dazugeben. 45 Minuten unter häufigem Rühren kochen, bis die Mischung dick und geschmeidig ist. In vorgewärmte Sterilisiergläser abfüllen, sofort mit Gummiringen abdichten und verschließen.

*Tip:* Diese konservierten Äpfel eignen sich sehr gut als Beilage zu Rillettes, zu kalter Enten- oder Gänseterrine und zu gekochtem kaltem Rindfleisch.

Ergibt etwa 2 kg
1 kg säuerliche Kochäpfel, geschält, entkernt und in Viertel geschnitten
600 g Honig
6 dl Obst- oder Apfelessig
2 TL gemahlene Nelken
2 TL gemahlener Zimt
2 Lorbeerblätter

Darf es einmal ausgefallen sein?

## Karottenkonfitüre

In einen flachen Kochtopf aus Emaille oder rostfreiem Stahl eine Schicht Karottenstreifen einfüllen. Mit etwas Zucker, Zitronenschale, Zitronensaft, Orangenschale und Orangensaft beträufeln. Weitere Lagen übereinanderschichten. Zucker sollte die oberste Schicht sein. Mit Wasser knapp bedecken und zugedeckt im Ofen bei 160 bis 180 Grad 4 Stunden köcheln lassen. Wenn der Gelierpunkt erreicht ist, die Konfitüre in vorgewärmte Gläser füllen und sofort verschließen.

Ergibt etwa 2 kg
1 kg Karotten, in dünne, etwa 3 cm lange Streifen geschnitten
1,5 kg Zucker
4 Zitronen (abgeriebene Schale und Saft)
3 Orangen (abgeriebene Schale und Saft)

## Blutorangenkonfitüre

Ergibt etwa
2½ kg
6 Blutorangen
1 süße Orange und
1 kleine Zitrone,
ungeschält in sehr
dünne Scheiben
geschnitten (Kerne
separat aufbewahren)
½ Zitrone (Saft)
2¼ l Wasser
Zucker

Die Orangen- und Zitronenkerne in eine kleine Schüssel mit wenig Wasser legen. Die vorbereiteten Orangen- und Zitronenscheiben mit dem Wasser in einen passenden Kochtopf geben. 24 Stunden zugedeckt einweichen (darauf achten, daß der Saft von den Früchten, der beim Schneiden ausläuft, dazukommt). Am nächsten Tag bei mittlerer Hitze 35 Minuten kochen lassen. Von der Kochstelle nehmen, den Topfinhalt wiegen und die gleiche Menge Zucker hinzufügen. Bei mittlerer Hitze etwa 70 bis 80 Minuten kochen, bis der Gelierpunkt erreicht ist. Den Zitronensaft und das Wasser, in dem die Kerne eingeweicht waren, durch ein Sieb in den Kochtopf geben. Nochmals 10 Minuten weiterkochen. Die heiße Konfitüre in vorgewärmte Gläser abfüllen und darauf achten, daß die Fruchtstücke im Sirup gleichmäßig verteilt sind.

Ein Rezept für besondere Ansprüche!

## Zitronenkonfitüre mit Minze

Ergibt etwa
2,5 kg
abgeriebene Schale
und frisch gepreßter
Saft von 12 Zitronen
(Zitronenhälften
aufbewahren)
1,5 kg Zucker
9 dl Wasser
2 Pfefferminzteebeutel

Die Zitronenhälften 24 Stunden in kaltem Wasser einweichen, dann etwa 45 Minuten kochen, bis sie so weich sind, daß man sie mit einem Holzspieß mit Leichtigkeit durchstechen kann. Die Zitronen aus dem Wasser nehmen, gut abtropfen lassen und in sehr dünne Streifen von rund 2,5 cm Länge schneiden. Aus Zucker und Wasser in etwa 15 Minuten einen Sirup kochen. Die Zitronenstreifen hinzufügen und etwa 15 Minuten mitkochen. 5 Minuten vor Ende der Kochzeit die Pfefferminzteebeutel ins Kochgut hängen. Dann die Beutel und die Zitronenstreifen herausnehmen und beiseite stellen. Zitronensaft und abgeriebene Zitronenschale nach Belieben in den Sirup geben. Etwa 20 bis 30 Minuten weiterkochen, bis die Masse dickflüssig wird. Die Zitronenstreifen wieder beigeben und nochmals 10 Minuten kochen. Heiß in vorgewärmte Konfitürengläser abfüllen und sofort verschließen.

# Adventszeit

Zeit der Vorbereitung und Vorfreude auf Weihnachten

## GEDANKEN ÜBERS SCHENKEN

Schenk herzlich und frei.
Schenk dabei,
was in dir wohnt
an Meinung, Geschmack und Humor,
so daß die eigene Freude zuvor
dich reichlich belohnt.

Schenk groß oder klein,
aber immer gediegen.
Wenn die Bedachten die Gaben wiegen,
sei dein Gewissen rein.

Schenk mit Geist, ohne List.
Sei eingedenk,
daß dein Geschenk
du selber bist.

JOACHIM RINGELNATZ

## *1. DEZEMBER*

*24 Türchen hat der Adventskalender, und er erfreut Kinder wie Erwachsene. 24 Tage dauert die Advents- oder Wartezeit bis Weihnachten. Selige Kindheitserinnerungen verbinden sich mit dieser Jahreszeit: Erinnerungen an den geheimnisvollen Duft von Gewürzen, an süßen, heimlich genaschten Teig, an das warme Kirschsteinkissen, das Knistern des Feuers im Ofen und die herrlich nach Bratapfel riechende Luft.*
*Der Advent ist aber auch die anstrengendste Küchenzeit mit viel zusätzlicher Arbeit. Doch die Bäckerin und der Koch werden für das Selbstgemachte größeres Lob ernten als für das Gekaufte. Auch ihre kleinen und großen Helfer werden das Altüberlieferte dankbar an die nächste Generation weitergeben.*

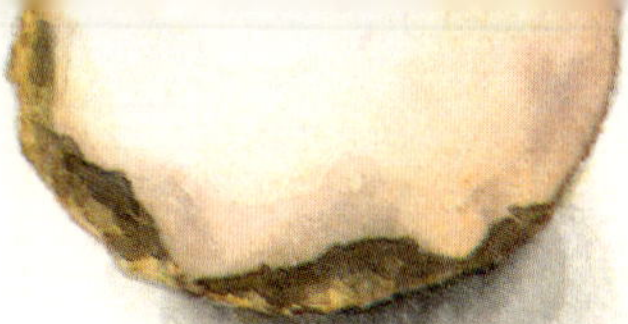

# Konfekt und Kekse zum Schenken und Geniessen

## Anis-Weihnachtsbrötchen

Die Eier und den Puderzucker in der Schüssel mit einem Rührwerk schaumig rühren. Salz, Kirsch und gehackten Anis beigeben. Zuletzt das Mehl unter die Masse mischen und zu einem Teig wirken. Diesen etwa 1 cm dick ausrollen, bemehlte Model gut aufdrücken, Anisbrötchen ausschneiden und auf ein eingefettetes Backblech legen. 24 Stunden trocknen lassen. Dann 20 bis 25 Minuten bei etwa 140 Grad im unteren Drittel des nicht ganz geschlossenen, vorgeheizten Backofens backen.

4 große Eier (240 g)
500 g Puderzucker
1 Prise Salz
1 EL Kirsch
1½ EL Anis, gehackt
580 g Mehl

Eine Basler Weihnachtsspezialität

## Brunsli

Zucker, Mandeln, Zimt und Mehl in eine Schüssel geben und vermischen. Das steifgeschlagene Eiweiß darunterziehen und die im Wasserbad geschmolzene Schokolade beigeben. Alles zu einem Teig wirken. Den Teig auf Zucker 5 mm dick auswallen, in 1 × 3 cm lange Stäbchen schneiden oder mit kleinen Weihnachtsförmchen ausstechen. Auf mit Backpergament belegtem Blech einige Stunden trocknen lassen, dann etwa 5 Minuten bei 250 Grad in der Mitte des vorgeheizten Ofens backen.

250 g Zucker
250 g Mandeln, gemahlen
1 Msp Zimt
2 EL Mehl
2 Eiweiß
100 g Bitterschokolade

## Damenküsse

Die küchenwarme Butter mit Haselnüssen, Mandeln, Puderzucker, Mehl und Vanillezucker zu einem Teig verarbeiten. 2 Stunden in Cellophan eingepackt kühl stellen. Anschließend Kugeln von 2 cm Durchmesser formen und auf ein bebuttertes Blech setzen. Im vorgeheizten Ofen bei 180 Grad etwa 15 Minuten backen. Nach dem Auskühlen mit Puderzucker leicht bestäuben.

*Tip:* Damenküsse als Geschenk in einer schön eingefaßten Schachtel und mit einem Foto, das Sie beim Backen zeigt!

250 g Butter
125 g Haselnüsse, leicht geröstet und gemahlen
125 g Mandeln, gemahlen
250 g Puderzucker
250 g Mehl
1 TL Vanillezucker
Puderzucker zum Bestäuben

Ein Bündner Weihnachtsgebäck

## Grassins

200 g Butter
125 g Zucker
1 Prise Salz
¼ TL Zimt
¼ TL Vanillezucker
250 g Mehl

Die küchenwarme Butter geschmeidig rühren. Zucker, Salz, Zimt und Vanillezucker beigeben und schaumig rühren. Das Mehl dazufügen, eventuell leicht kneten und 1 Stunde kühl stellen. Den Teig etwa 3 bis 4 mm dick auswallen, runde oder eckige Formen ausstechen, auf ein mit Backpapier belegtes Backblech setzen, kühl stellen, dann sofort etwa 15 bis 20 Minuten bei 180 Grad in der Mitte des vorgeheizten Ofens ausbacken. Grassins sollten goldgelb sein, nicht braun.

## Gebrannte Nüsse oder Mandeln

1 dl Wasser
½ Päckchen Vanillezucker
200 g Zucker
200 g Walnüsse oder ganze, ungeschälte Mandeln

Zucker, Vanillezucker und Wasser in eine niedrige Pfanne geben und aufkochen lassen. Die Walnüsse oder Mandeln dazugeben. Unter ständigem Rühren bei mittlerer Hitze einkochen lassen, bis der Zucker zu schmelzen beginnt und hellbraun wird. Die Nüsse oder Mandeln einzeln auf ein gefettetes Backblech setzen und auskühlen lassen.

## Gefüllte Datteln

Ergibt etwa 350 g
1 Paket Datteln (etwa 225 g)
100 g Marzipan
30 g gehackte Pistazien
schöne halbe Walnußkerne

Die Datteln auf einer Seite der Länge nach aufschlitzen und die Kerne entfernen. Aus dem Marzipan fingerdicke Röllchen drehen, in 2 bis 3 cm lange Stücke schneiden, je nach Dattelgröße, und in den gehackten Pistazien rollen. Die Datteln mit je einem Marzipanwürstchen füllen und die Walnußkerne daraufdrücken. Zuletzt die Dattelseiten leicht anpressen.

## Mokka-Pralinen

Ergibt etwa 380 g
1 dl Sahne
250 g dunkle Bitterschokolade
½ TL Pulverkaffee
1 EL Puderzucker
Kaffeebohnen (aus Schokolade)

Die Sahne aufkochen, die feingehackte Bitterschokolade hineinrühren und schmelzen lassen (nicht mehr kochen). Kaffee und Puderzucker darunterrühren. Die Masse etwas erstarren lassen. In den Spritzbeutel füllen und mit der Sterntülle in Pralinenförmchen spritzen. Mit Kaffeebohnen garnieren.

Echt österreichisch

## Nussbusserl

Die Butter schaumig rühren, Puderzucker, Eigelb, Ei, Vanillezucker und Salz dazugeben und weiter schaumig rühren. Die gemahlenen Nüsse und das Mehl beifügen. Zu einem Teig wirken und etwa 2 bis 3 Stunden im Kühlschrank zugedeckt kühl stellen. Dann nußgroße Kugeln formen und auf der zweituntersten Rille des auf 180 Grad vorgeheizten Ofens 20 Minuten backen. Die noch warmen Nußbusserl mit Aprikosenmarmelade, die durch ein Sieb gestrichen wurde, bepinseln. Aus Puderzucker und Wasser eine Glasur herstellen. Sobald die Marmelade angetrocknet ist, die Nußbusserl mit der Glasur überziehen.

150 g Butter
100 g Puderzucker
6 Eigelb
1 Ei
1 Päckchen Vanillezucker
1 Prise Salz
50 g Haselnüsse oder Walnüsse, gemahlen
350 g Mehl
Aprikosenmarmelade zum Bepinseln

### Glasur

100 g Puderzucker
1 bis 2 EL Wasser

## Haferflockenkekse

Die Margarine in einer Bratpfanne schmelzen. Rohzucker, Honig und Salz daruntermischen. Vom Herd nehmen, die übrigen Zutaten gut mischen und beigeben.

Die Masse etwa 1 cm dick auf einem Backblech verstreichen und glatt drücken (ideale Blechgrösse: 29 × 43 cm). Dann in der Mitte des vorgeheizten Ofens 12 bis 15 Minuten bei 180 Grad backen. Kurz abkühlen lassen und noch warm in rechteckige Kekse schneiden (ewa 1 × 3 cm). Vor dem Servieren mit Puderzucker bestreuen.

200 g vegetabile Margarine
120 g Rohzucker
4 EL Honig
¼ TL Salz
275 g Haferflocken
125 g grobgehackte Walnüsse
Puderzucker zum Bestreuen

## Ingwerkekse

Die küchenwarme Butter geschmeidig rühren. Zucker und Eier dazugeben und schaumig rühren. Salz, Ingwerpulver, Zitronen- und Orangenschale beimischen. Das Mehl mit dem Backpulver vermengt unter die Butter-Ei-Mischung geben und zu einem Teig wirken. 1 Stunde kühl stellen.

Den Teig etwa 3 mm dick auswallen, in Rauten schneiden und diese auf ein bebuttertes Backblech geben. Im vorgeheizten Ofen bei 220 Grad etwa 15 bis 20 Minuten ausbacken.

70 g Butter
200 g Rohzucker
2 Eier
1 Prise Salz
2 bis 3 TL Ingwerpulver
1 Zitrone, abgerieben
½ Orange, abgerieben
250 g Mehl
1 TL Backpulver

Das Wiener Weihnachtsgebäck

## Vanillekipferl

Ergibt etwa
70 Stück
250 g Mehl
200 g Butter
100 g gemahlene Mandeln
80 g Puderzucker
½ Päckchen Vanillezucker
1 Prise Salz

Zuckermischung
7 EL Puderzucker
2 Päckchen Vanillezucker

Alle Zutaten außer der Butter in eine Schüssel geben. Die Butter in kleinen Stückchen dazugeben und alles mit den Händen verreiben. Rasch zusammenkneten, eventuell kurze Zeit kühl stellen. Fingerdicke Rollen formen, in 2 cm lange Stücke schneiden und zu kleinen, bleistiftdicken Röllchen drehen. Auf dem Blech zu Kipferln formen. Im vorgeheizten Ofen bei 220 Grad etwa 10 bis 15 Minuten ausbacken und sorgfältig vom Blech lösen. Die noch warmen Kipferl in der Zuckermischung wenden.

*Tip:* Sollte die Teigmasse zu brüchig sein, können Sie 1 bis 2 EL Wasser beigeben. Auf die doppelte Menge Mehl empfehle ich, 1 ganzes Ei, jedoch kein Wasser beizugeben.

## Mandel-Kakao-Plätzchen

250 g Mehl
120 g Zucker
1 Prise Salz
150 g Margarine
2 EL Kakaopulver
1 Ei
50 g Mandelstifte

Mehl, Zucker, Kakaopulver und Salz in einer Schüssel mischen. Die Margarine in kleine Stückchen schneiden, zur Mehlmischung geben und alles mit den Händen zu einer bröseligen Masse verreiben. Das Ei und die Mandelstifte daruntermischen und zu einem Teig wirken. Diesen Teig zu einer 4 cm dicken Rolle formen, über Nacht in den Kühlschrank oder 2 Stunden in den Tiefkühler stellen. In 3,5 mm dicke Scheiben schneiden, auf ein gefettetes Backblech legen und im vorgeheizten Backofen bei 180 Grad 5 bis 7 Minuten ausbacken.

## Haselnuss-Rum-Kugeln

Ergibt etwa
400 g
50 g Zartbitterschokolade, fein geraspelt
150 g Haselnüsse, im Ofen geröstet, geschält und gemahlen
200 g Zucker
1 bis 2 Eiweiß, leicht verquirlt
2 EL Rum
grober Kristallzucker

Die Haselnüsse mit der Schokolade, dem Zucker, dem Eiweiß und dem Rum vermischen. Die Hände in Wasser tauchen und die Mischung kneten, bis sie glatt ist. Dann zu Kugeln von etwa 2 cm Durchmesser formen, in grobem Kristallzucker wälzen und an einem warmen Platz 2 Tage trocknen lassen.

## Zimtsterne

Den Puderzucker in den Eischnee geben und noch etwas weiterschlagen. Von der Masse 3 EL abnehmen und beiseite stellen. In die übrige Masse den Zimt und die gemahlenen Mandeln einrühren und verkneten. Die Arbeitsfläche mit Zucker bestreuen und die Masse etwa 5 mm dick ausrollen. Mit dem Ausstechförmchen Sterne ausstechen und diese auf ein mit Backpapier belegtes Blech geben. Die Sterne 3 bis 4 Stunden trocknen lassen und sie dann mit der beiseite gestellten Puderzucker-Eischnee-Masse glasieren. Die Zimtsterne für 20 bis 30 Minuten in den auf 170 Grad vorgeheizten Backofen stellen, bis die Glasur vollständig trocken, aber noch nicht braun ist.

*Tip:* Zimt ist das typischste Weihnachtsgewürz!

**Ergibt etwa 300 g**
125 g Puderzucker, gesiebt
2 Eiweiß, steif geschlagen
1 TL Zimtpulver
125 g Mandeln, gemahlen
30 g grober Kristallzucker

## Schokoladedukaten

Die dunkle Schokolade mit dem Wasser in eine Schüssel geben und im Wasserbad schmelzen lassen. Die in kleine Scheiben geschnittene Margarine mit der Schokolade auflösen. Eigelb, Zucker und Vanillezucker in einer Schüssel im Wasserbad cremig aufschlagen. Die beiden Massen zusammen vermischen. Wichtig: Eiercreme und Schokoladegemisch müssen die gleiche Temperatur haben! Die Walnußkerne darunterrühren. Alles gut vermengen und auf die dick mit Puderzucker bestäubte Arbeitsfläche geben. Von Hand zu einer Rolle formen. In Cellophanpapier abpacken. Einige Stunden kühl stellen. Anschließend in 5 mm dicke Dukaten schneiden.

**Ergibt etwa 1 kg**
300 g dunkle Schokolade, fein gehackt
4 EL Wasser
6 Eigelb
240 g Zucker
1 Päckchen Vanillezucker
100 g pflanzliche Margarine
200 g Walnußkerne
Puderzucker zum Bestreuen der Arbeitsfläche

## Schokoladetrüffeln mit Minze

Die Schokolade mit dem Zucker und der Butter im Wasserbad schmelzen. Von der Kochstelle nehmen. Minzlikör und gehackte Minzeblätter mit dem Eigelb einrühren. Die Masse etwa 5 Stunden bei Zimmertemperatur abkühlen lassen. Danach mit einem Pariserlöffel Kugeln ausstechen und diese im Kakaopulver wälzen.

**Ergibt etwa 250 g**
125 g Zartbitterschokolade
1 EL Zucker
90 g Butter
1 EL Minzlikör
5 feingehackte frische Minzeblätter
1 Eigelb
Kakaopulver

# *4. DEZEMBER*
# *BARBARATAG*

*An diesem Tag schnitt mein Vater Zweige von den Obstbäumen, vor allem von Kirschbäumen. Meine Mutter legte sie über Nacht in der Badewanne in kaltes Wasser ein. Am darauffolgenden Tag wurden die Zweige an einem hellen, nicht zu trockenen Ort eingestellt. An Heiligabend waren die Knopsen aufgebrochen, und die Zweige standen in voller Blütenpracht.*

Kirschenzweige bringt ein Mädchen
Über kahle, kalte Heide.
Dämmertag ist Nacht geworden,
Dörfchen blickt wie Lichtgeschmeide.

Engelstimme singt vom Himmel:
Dunkle Reiser, seid erkoren,
Staubverweht sind lang die Blumen,
Feld und Garten eingefroren.

Ihr nur werdet grünend leben,
Wenn der Erde Pflanzen fehlen.
Heilige Nacht wird Blüten treiben,
Und ein Glück kommt in die Seelen.

Letztes Rot verlischt am Walde.
Ton in Lüften bebt entschwindend.
Über die verhüllte Heide
Haucht der Bergwind, Schnee verkündend.

HANS CAROSSA

## Ein besonderes Menü zum Barbaratag

Enten-Sauerkirschen-Terrine
mit Vollkornbrot und Butter

***

Topinambur-Suppe mit Haselnüssen

***

Steinbuttfilets auf Lauchgemüse mit grünen Walnüssen

***

Pochierte Birne in Holundersaft

***

Zum Kaffee: Cognac- oder Barbaraweichseln

## Enten-Sauerkirschen-Terrine

Ergibt etwa 2 kg
1 Ente (etwa 2 bis 2,3 kg), entbeint und in kleine Würfel geschnitten (Knochen aufbewahren)
8 dl Roséwein
2 dl Sherrywein
1 kleine Zwiebel, in Scheiben geschnitten
1 Karotte, in Scheiben geschnitten
Salz
frischgemahlener Pfeffer
1 Prise Lebkuchengewürz
300 g mageres Schweinefleisch, in kleine Würfel geschnitten
850 g fettes Schweinefleisch, in kleine Würfel geschnitten
100 g Kalbsbries, blanchiert, enthäutet, gehackt
1 Orange, abgerieben
200 g Sauerkirschen, eingelegt (siehe «Sommer in der Küche»)
1 EL Öl

Das Entenfleisch zusammen mit Wein, Sherry, Zwiebeln und Karotten in eine Schüssel geben. Mit Salz, Pfeffer und Lebkuchengewürz würzen. An einem kühlen Ort zugedeckt 24 Stunden marinieren.

Das Entenfleisch abtropfen lassen und mit dem Schweinefleisch gut durchmischen. Die Marinade aufbewahren. Den Boden einer Terrinenform mit einer Lage Fleischmischung bedecken. Mit dem Kalbsbries und der Orangenschale bestreuen. Die restliche Fleischmischung einfüllen und leicht andrücken. Den Deckel der Form auflegen und die Terrine im vorgeheizten Backofen bei 180 Grad 1½ Stunden garen.

In der Zwischenzeit die Knochen in etwas Öl leicht anrösten. Zusammen mit der Marinade in einem Topf etwa 1 Stunde kochen, bis eine konzentrierte Brühe entsteht. Diese durch ein Sieb gießen. Die Terrine etwas abkühlen lassen. Mit entsteinten, halbierten Sauerkirschen garnieren und mit der Brühe überziehen. Im Kühlschrank erkalten lassen, bis die Brühe zu Gelee erstarrt ist.

Dazu empfehle ich Ihnen Vollkorn- oder Toastbrot und Butter.

## Topinambur-Suppe mit Haselnüssen

Die Butter in einem Topf zum Schmelzen bringen. Die abgetropften Topinamburscheiben mit den Zwiebeln dazugeben und etwa 10 Minuten dünsten. Milch, Gemüsebouillon, Gewürze und Salz dazugeben und bei niedriger Temperatur köcheln lassen. Die Suppe in den Mixer geben und sehr fein pürieren. Durch ein Sieb in den Topf passieren, aufkochen lassen und mit Sahne und Majoran abschmecken. Die Suppe anrichten und mit den Haselnüssen bestreuen. Separat dazu dünne, getoastete Parisettebrotscheiben (Croûtons) servieren.

**Für 4 bis 6 Personen**

6 große Topinamburs, geschält und in Scheiben geschnitten (in eine Schüssel mit Wasser und 1 EL Zitronensaft legen, damit sie sich nicht rötlich verfärben)
60 g Butter
1 mittlere Zwiebel, fein gehackt
Salz
frischgemahlener Pfeffer
Muskatnuß
4 dl Milch
4 dl Gemüsebouillon
2 dl Sahne
gehackter Majoran oder Majoranpaste (siehe «Sommer in der Küche»)
30 g geröstete, feingemahlene Haselnüsse

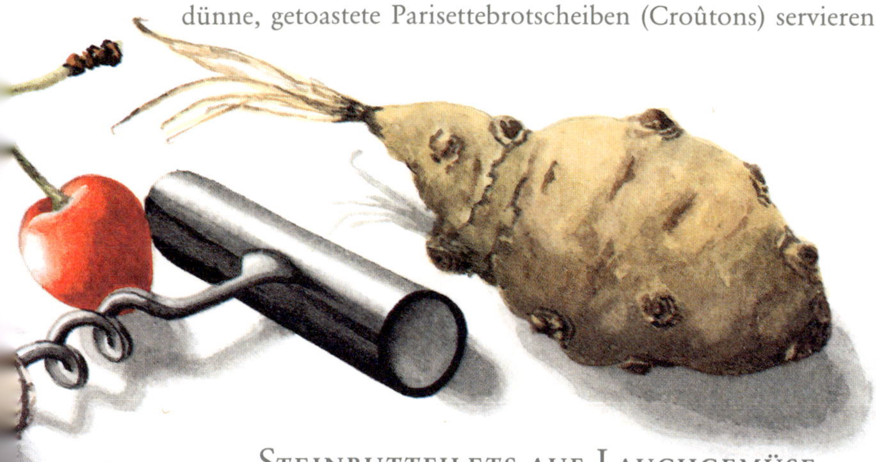

## Steinbuttfilets auf Lauchgemüse mit grünen Walnüssen

Eine passende Pfanne mit Butter ausstreichen und mit gehackten Schalotten bestreuen. Die Steinbuttfilets mit der Haut nach unten nebeneinander hineinschichten, würzen, mit Sherrywein und Fischfond bedecken. Mit einem mit Butter bestrichenen Pergamentpapier abdecken. Im vorgeheizten Backofen bei 180 Grad etwa 8 bis 10 Minuten garen.

Inzwischen den Lauch mit 20 g Butter kurz andünsten, mit Salz und Pfeffer würzen und warm halten. Die gegarten Fischfilets aus dem Backofen nehmen und heiß aufbewahren. Die Garflüssigkeit bei starker Hitze sirupartig einreduzieren lassen. Die Sahne dazugeben, alles cremig einkochen lassen und würzen. Abseits vom Feuer die restliche, küchenwarme Butter in kleinen Flocken hineinschlagen.

Den Lauch auf die vorgewärmten Teller verteilen, die Steinbuttfilets abziehen und auf das Lauchbett legen. Mit der Sauce überziehen. Die gewärmten grünen Nüsse in Scheiben schneiden und neben den Lauch legen.

**Für 4 Personen**

4 Steinbuttfilets, je 160 bis 180 g, nicht abgezogen
90 g Butter
2 Schalotten, gehackt
Salz und Pfeffer
2 EL Sherrywein
2,5 dl kräftiger Fischfond
4 Lauchstengel, der Länge nach halbiert und in 2 mm dicke Scheiben geschnitten (nur das Weiße verwenden)
2 dl Sahne
8 eingelegte grüne Nüsse (siehe «Sommer in der Küche»)

## Pochierte Birne in Holundersaft

**Für 4 Personen**
4 Birnen
2½ dl Holundersirup (siehe «Herbst in der Küche»)
8 dl Wasser
250 g Zucker
1 Vanillestange, längs halbiert
1 dl schwarzer Johannisbeerlikör
1 Zitrone, halbiert
etwas Joghurt nature

**Nach Belieben**
Trüffelsahneeis (Rezept Seite 138) oder Vanilleeis

Holundersirup, Zucker, Vanillestange und Johannisbeerlikör mit dem Wasser zum Kochen bringen. Während der Sirup kocht, die Birnen schälen, samt Stiel der Länge nach halbieren, das Kerngehäuse herausschneiden. Die Birnen mit den Zitronenhälften abreiben, damit sie nicht braun werden. Die Temperatur herunterschalten und die Birnen in den Sirup legen. Etwa 12 Minuten knapp auf dem Siedepunkt halten, den Topf beiseite nehmen und die Birnen im Sirup erkalten lassen. Die Birnen herausnehmen und den Sirup nochmals einkochen lassen. Die Vanillestange entfernen und den Sirup nach dem Erkalten zu den Birnen geben.

Die Birnen mit dem Sirup auf Teller anrichten, auf Wunsch mit Trüffel- oder Vanilleeis servieren.

*Garnitur:* Kleine Tupfen Joghurt nature auf den Holundersirup geben und ein Holzspießchen durch die Tropfen ziehen.

## Cognac- oder Barbaraweichseln

1 Glas in Cognac eingelegte Weichseln (siehe «Sommer in der Küche»)
100 g Fondantzucker
½ EL Cognac
200 g bittere, dunkle Couverture, im Wasserbad aufgelöst

Die Weichselkirschen aus dem Glas nehmen und auf Küchenpapier abtropfen. Fondantzucker mit Cognac leicht erwärmen, die Kirschen darin tunken, so daß sie bis zum Stielansatz hauchdünn überzogen sind. Dann sofort in der Couverture baden und mit dem Stiel nach oben auf ein feinmaschiges Gitter setzen. In Silber- oder Goldstanniol einpacken. Nach 3 Tagen soll sich der Fondant durch die Feuchtigkeit der Frucht in der Schokolade aufgelöst haben.

## *SANKT NIKOLAUS BRINGT LEBKUCHEN*

*Ursprünglich wurden Lebkuchen und Lebkuchengebäck von den Kerzenziehern hergestellt und verkauft. Der Zusammenhang ist bei den Bienen zu suchen. Diese emsigen Tierchen lieferten sowohl Wachs für die Kerzen als auch Honig für das Gebäck. Der echte Bienenhonig gehört deshalb auch heute noch zum richtigen Lebkuchen.*

## KNECHT RUPRECHT

Von drauß', vom Walde komm ich her,
ich muß euch sagen, es weihnachtet sehr!
Allüberall auf den Tannenspitzen
sah ich goldene Lichtlein blitzen.
Und droben aus dem Himmelstor
sah mit großen Augen das Christkind hervor.
Und wie ich so strolcht' durch den finsteren Tann,
da rief's mich mit heller Stimme an:
«Knecht Ruprecht», rief es, «alter Gesell,
hebe die Beine und spute dich schnell!
Die Kerzen fangen zu brennen an,
das Himmelstor ist aufgetan.
Alt und jung sollen nun
von der Jagd des Lebens einmal ruhn.
Und morgen flieg ich hinab zur Erden,
denn es soll wieder Weihnachten werden!»
Ich sprach: «O lieber Herre Christ,
meine Reise fast zu Ende ist.
Ich soll nur noch in diese Stadt,
wo's lauter gute Kinder hat.»

## Berner Honiglebkuchen

2 Eigelb
150 g Zucker
75 g Butter
500 g Honig
3 bis 4 EL Wasser
1 EL Triebsalz (Hirschhornsalz)
900 g Mehl
2 bis 3 EL Lebkuchengewürz

Eigelb und 50 g Zucker in einer Schüssel schaumig rühren. Butter, Honig und 100 g Zucker zusammen in einer Pfanne erwärmen. Etwas auskühlen lassen, dann zur Eigelb-Zucker-Mischung geben. Anschließend Wasser und Triebsalz gut daruntermischen. Das Mehl mit dem Lebkuchengewürz vermischt beifügen, leicht kneten. Über Nacht zugedeckt kühl stellen.

Den Teig 8 mm bis 1 cm dick ausrollen. Formen ausstechen oder ausschneiden und im oberen Drittel des vorgeheizten Ofens bei 220 Grad 10 bis 15 Minuten backen.

## Basler Lebkuchen

280 g Honig
300 g Mehl
100 g gehobelte Mandeln
50 g Zitronat
50 g Arancini
7 g Lebkuchengewürz
25 g Pottasche
4 g Ammonium
(Pottasche und Ammonium sind in Drogerien und Reformhäusern erhältlich)

Fadenzuckerglasur
150 g Zucker
50 g Wasser

Den Honig in einer Schüssel im Wasserbad erhitzen. Herausnehmen und abkühlen lassen, bis er lauwarm ist. Nun alle übrigen Zutaten daruntermischen. Den Teig etwa 8 mm dick zu einem Rechteck ausrollen, mit einer Gabel stupfen und im vorgeheizten Ofen etwa 35 bis 40 Minuten bei 200 Grad ausbacken. Aus dem Ofen nehmen, mit Fadenzuckerglasur dünn bestreichen und ausgekühlt in Rechtecke schneiden.

Für die Glasur den Zucker mit dem Wasser bis zum Faden (Fingerprobe) kochen und auf den Marmor tablieren, bis die Zuckerlösung anfängt, milchig zu werden.

## Elisenlebkuchen

Eier, Zucker, Vanillezucker und Salz schlagen, bis die Masse cremig ist. Nelkenpulver, Zimt, Rum und Zitronenschale beigeben. Zitronat sehr fein hacken und mit den Mandeln, dem Backpulver und den Haselnüssen unterrühren. Der Teig darf nicht zu flüssig sein. Mit einem Teelöffel kleine Teighäufchen auf die Backoblaten setzen und auf einem Backblech im vorgeheizten Ofen bei 170 Grad während 15 bis 20 Minuten backen. Erkalten lassen.

Die Schokoladencouverture im Wasserbad erwärmen, das Kirschwasser beigeben und die gebackenen Lebkuchen damit bestreichen. Mit Mandeln verzieren. Gut trocknen lassen.

2 Eier
200 g Zucker
1 Päckchen Vanillezucker
1 Prise Salz
1 Msp Nelkenpulver
1 gestrichener TL Zimtpulver
½ TL Rum
1 Zitrone, abgerieben
75 g Zitronat
125 g feingemahlene Mandeln
1 Msp Backpulver
75 bis 90 g gemahlene Haselnüsse
Backoblaten (4,5 cm Durchmesser)

**Garnitur**
250 g dunkle Schokoladencouverture
1 TL Kirschwasser
geschälte, halbierte Mandeln

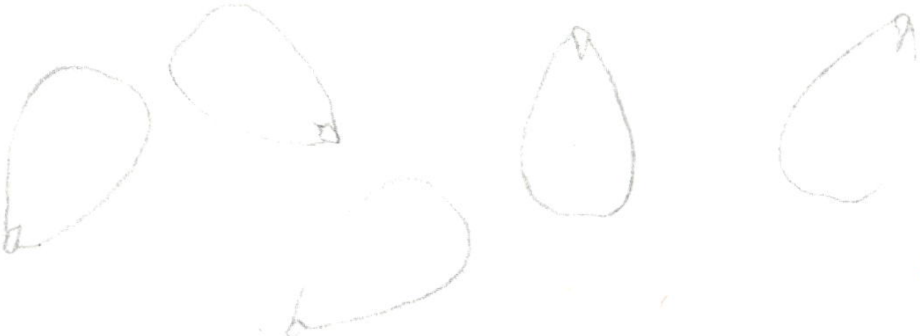

## Luzerner Lebkuchen

Butter, Honig oder Birnendicksaft, Zucker und Sauerrahm schaumig rühren. Milch und Kirsch mit dem Lebkuchengewürz vermengt unter die Masse geben. Das mit dem Natron vermischte Mehl sieben und luftig unter die Masse heben. Im vorgeheizten Backofen bei 210 Grad etwa 50 bis 60 Minuten auf der untersten Rille backen. Noch warm mit flüssigem Bienenhonig oder Birnendicksaft bestreichen.

Mit geschlagener Sahne servieren.

**Für eine Springform von 28 cm Durchmesser**
50 g Butter
3 bis 4 EL Honig oder Birnendicksaft
225 g Zucker
2 dl Sauerrahm
3 dl kalte Milch
25 g Kirschwasser
2 gehäufte TL Lebkuchengewürz
450 g Vollkornmehl
1½ TL Natron
Honig oder Birnendicksaft zum Bestreichen

## Nusslebkuchen mit Rosenwasser

500 g Mehl
125 g Mandeln und 70 g Walnüsse, gehackt
125 g Zitronat, gehackt
3 EL Lebkuchengewürz
½ EL Zimtpulver
½ EL Triebsalz (Hirschhornsalz)
375 g Honig
90 g Butter
2 EL Rosenwasser (siehe «Sommer in der Küche»; Rosenwasser kann man auch kaufen)

Mehl, Mandeln, Walnüsse, Zitronat, Lebkuchengewürz, Zimt und Triebsalz miteinander vermischen. In der Mitte eine Vertiefung anbringen und die erwärmte Butter mit dem Honig und dem Rosenwasser hineingeben. Alles mischen und kneten, den Teig zugedeckt über Nacht ruhen lassen. Etwa 8 mm dick ausrollen und St.-Nikolaus-Formen oder beliebige andere Formen ausstechen. Nach Wunsch mit Mandeln ausgarnieren. Je nach Größe 10 bis 15 Minuten bei 220 Grad im oberen Drittel des vorgeheizten Ofens backen. Das Gebäck kann nach dem Erkalten mit Zuckerwasser bepinselt werden.

## Nürnberger Lebkuchen

3 Eier
200 g Zucker
150 g gehackte Mandeln
50 g Zitronat, in feine Würfel geschnitten
250 g Mehl
1 Prise Salz
1 gestrichener TL Zimtpulver
1 Msp Nelkenpulver
1 Msp Kardamom
35 Oblaten (6 cm Durchmesser)

**Garnitur**
300 g Schokoladencouverture
geschälte Mandeln
bunte kandierte Kirschen

Eier, Zucker, Mandeln, Zitronat, Mehl, Salz und Gewürze etwa 2 Minuten im Rührwerk gut verrühren. Die Oblaten auf ein gefettetes Backblech legen, je 1 EL Teig darauf geben und im vorgeheizten Ofen bei 185 Grad etwa 16 Minuten backen. Die Lebkuchen auf einem Rost erkalten lassen. Die Schokoladencouverture im Wasserbad leicht erwärmen. Die noch warmen Lebkuchen damit überziehen und mit Mandeln und kandierten Kirschen verzieren. Gut auskühlen lassen.

# *NIKOLAUSTAG*

*Wer kennt ihn nicht, den bärtigen alten, liebenswürdigen Mann, der Lebkuchen, Birnen, Äpfel, Nüsse, Mandarinen und vieles mehr in die gute Stube bringt? In der deutschsprachigen Schweiz beginnt das Frühstück schon mit einem lustigen Hefegebäck in der Gestalt eines Männchens, dem «Grittibänz».*

# Grittibänz

500 g Mehl
20 g Hefe
1 TL Zucker
2½ dl lauwarme Milch
(höchstens
35 Grad warm)
80 g Butter
1 TL Salz
1 Ei
1 Eigelb

**Zum Bestreichen**
1 Eigelb, verquirlt

**Als Dekoration**
Rosinen

Die Hefe in der Milch auflösen, etwa 200 g Mehl und den Zucker beigeben und zu einem dickflüssigen Vorteig verrühren. Zugedeckt in einer Schüssel etwa 15 Minuten warm stellen. Nach Ablauf dieser Zeit aus dem restlichen Mehl einen Kranz formen, das Salz über das Mehl streuen, die Butter in Flocken und die Eier verquirlt dazugeben. Den aufgegangenen Vorteig in die Mitte geben und alles zu einem festen, glatten, seidigen Teig verarbeiten. Den Teig zugedeckt an einem warmen Ort nochmals etwa 1 Stunde gehen lassen.

Die Teigmasse in vier Stücke teilen und jedes zu einem länglichen Laib formen. Das obere Viertel beidseitig eindrücken, so daß ein Kopf entsteht, seitlich mit einem Messer so einschneiden, daß man Arme formen kann. Den Teig unten senkrecht mit einem Schnitt teilen, damit die Beine und Füße geformt werden können. Durch Aufsetzen von kleinen Teigstreifen kann man den Hut und den Kittelrand markieren. Nun werden mit den Rosinen Augen, Nase und Mund sowie die Knöpfe angebracht.

Die fertig dekorierten Grittibänze auf gebutterte Bleche legen, dabei auf genügend Abstand achten, damit sie schön aufgehen und nicht aneinander kleben. Nochmals 10 bis 15 Minuten in der warmen Küche gehen lassen, dann 30 Minuten an einem kalten Ort ruhen lassen. Die Grittibänze mit dem verquirlten Eigelb, dem ein paar Tropfen Wasser beigegeben wurden, bestreichen und im vorgeheizten Backofen bei 190 Grad etwa 30 Minuten backen.

# St. Nikolaus bittet zu Tisch

Bunter St.-Nikolaus-Gemüsesalat

***

Fleischtorte mit Trockenfrüchten

***

Pfannkuchen mit Mandarinenbutter

## BUNTER ST.-NIKOLAUS-GEMÜSESALAT

**FÜR 8 PERSONEN**
3 geschälte Karotten,
1/4 Weißkohl ohne Strunk,
1/4 Rotkohl,
6 Radieschen,
2 kleine weiße Rüben,
alles fein geraspelt
1 kleine gekochte rote Bete (Rande), in feine Streifen geschnitten
125 g rohe Champignons, in dünne Scheiben geschnitten
2 Äpfel, geschält, entkernt und in Würfel geschnitten
1 Bleichsellerieherz, in dünne Scheiben geschnitten
1 Handvoll Erdnüsse, ausgebrochen
6 bis 8 Walnußkerne
120 g Feldsalat
2 EL gehackte frische Kräuter nach Wahl oder Kerbelpaste (siehe «Frühling in der Küche»)

**SAUCE**
1 EL Kerbelpaste oder
1 TL Salz mit 2 EL gehackten frischen Kräutern
schwarzer Pfeffer aus der Mühle
1 Zitrone (Saft)
2 EL Weinessig
1 dl Haselnußöl

Den Feldsalat portionenweise auf Teller verteilen. Alle übrigen Zutaten außer den Nüssen miteinander vermischen und auf den Feldsalat anrichten, mit den Nüssen bestreuen. Die Zutaten für die Salatsauce in eine Schüssel geben, gut verrühren und gleichmäßig über den Salat verteilen.

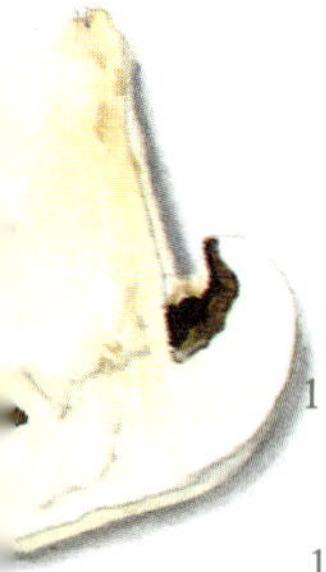

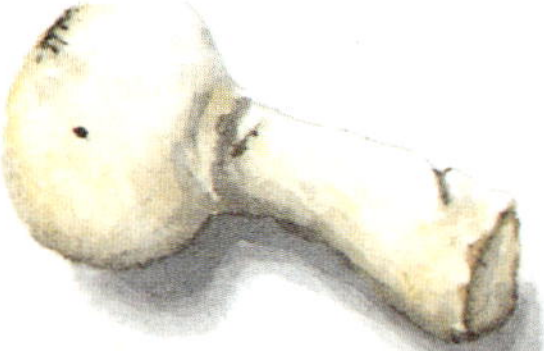

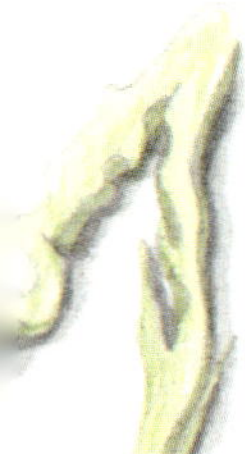

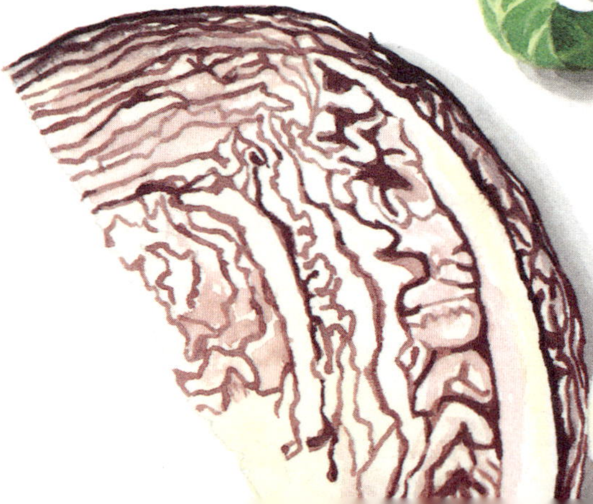

## Fleischtorte mit Trockenfrüchten

Für den Teig Mehl und Salz mischen, die Butter hinzufügen, mit den Fingerspitzen in das Mehl reiben, so daß eine krümelige Masse entsteht. Das Ei in die Mitte des Gemischs geben. Mit 1 EL kaltem Wasser zu einem Teig wirken, eventuell noch etwas Wasser dazugeben. Den Teig leicht kneten, dann in Klarsichtfolie einschlagen und vor dem Ausrollen 1 Stunde kühlen.

Für die Füllung das Schweinefleisch mit Wasser bedeckt etwa 1½ Stunden köcheln lassen, bis es schön weich ist, dann in kleine Würfel schneiden. 3 dl Garflüssigkeit durch ein Sieb gießen, mit Salbei und Petersilie zum Kochen bringen. Das Fleisch mit den Datteln, Korinthen und Pistazienkernen dazugeben und vermischen, vom Feuer nehmen. Zucker, Salz, Eigelb, Sahne und die restlichen Zutaten miteinander aufschlagen und gut unter die Fleischmasse mischen.

Den Teig ausrollen und zwei Kuchenformen damit auslegen. Im vorgeheizten Backofen bei 190 Grad etwa 10 Minuten blind backen, bis er fest ist, aber noch keine Farbe angenommen hat. Am besten belegen Sie den Teigboden mit einem gleich großen Pergamentpapier und beschweren es mit getrockneten Bohnen, damit der Teig keine Blasen wirft. Nach dem Backen nehmen Sie das Papier mit den Bohnen heraus und füllen die Teigböden mit der fertiggestellten Masse. Nochmals bei 190 Grad etwa 40 Minuten weiterbacken. Die fertige Fleischtorte 5 Minuten abstehen lassen und anschließend servieren.

**Für 8 Personen**

**Ergibt 2 Kuchen von 20 cm Durchmesser**

**Mürbeteig**
350 g Mehl
7 g Salz
170 g Butter, gekühlt, in Würfel geschnitten
1 Ei
1 bis 2 EL kaltes Wasser

**Füllung**
1,5 kg Schweineschulter, in große Stücke geschnitten
1 TL Salbei, gehackt
1 TL Lebkuchengewürz
2 EL Petersilie, gehackt
250 g Datteln, entkernt und fein gehackt
250 g Korinthen
45 g Pistazien, grob gehackt
30 g Zucker
1 TL Ingwer, gemahlen
1 EL Salz
1 Msp Safranpulver, vermischt mit 1 EL Wasser
7 Eigelb
1½ dl Sahne

# Pfannkuchen mit Mandarinenbutter

**Für 8 Personen**

**Ergibt etwa 18 Pfannkuchen von 14 bis 15 cm Durchmesser**

**Pfannkuchenteig**

130 g Mehl
1 Prise Salz
2 Eier
3 dl Milch
30 g Butter, zerlassen
1 TL Mandarinensaft
1 Orange, abgerieben
1 TL Grand Marnier
40 g Butterschmalz

**Mandarinenbutter**

Saft von
4 Mandarinen und
1 Zitrone, durch ein Sieb passiert
4 Würfelzucker
90 g Butter
60 g Zucker
1 TL Grand Marnier
4 Mandarinen, geschält (auch das Weiße entfernen) und in Schnitze geteilt
Puderzucker

Für die Pfannkuchen das Mehl mit einer Prise Salz in eine Schüssel sieben. In die Mitte eine Vertiefung drücken, alle Zutaten außer der Butter hineingeben und nach und nach mit dem Mehl verrühren. Den Teig so lange schlagen, bis er glatt ist. Dann die zerlassene Butter hineinrühren. Der Pfannkuchenteig sollte die Konsistenz von Kaffeerahm haben; falls nötig etwas mehr Milch oder Mehl dazugeben. In einer kleinen Crêpes-Pfanne etwas Butterschmalz erhitzen, jeweils einen kleinen Schöpflöffel Teig hineingießen und hauchdünne Pfannkuchen backen. Auf vorgewärmte Teller legen und warm halten.

Für die Mandarinenbutter die Zuckerwürfel an den gut gewaschenen Schalen der Mandarinen reiben, bis sie die Farbe und das Aroma der Schalen angenommen haben. In einer Schüssel die Butter mit dem Zucker schaumig schlagen. Die Zuckerwürfel in kleine Stücke brechen und mit Mandarinensaft, Zitronensaft und Grand Marnier auflösen, dann langsam, unter stetem Schlagen, unter die Butter mischen.

Jeden Pfannkuchen mit einem Löffel Mandarinenbutter bestreichen, zweimal falten, je 2 Pfannkuchen auf sehr heiße Teller legen (gegenüberliegend, Spitze nach innen). Mit Mandarinenschnitzen ausgarnieren, mit Puderzucker bestreuen und sofort servieren.

# Das Menü zum 8. Dezember «Mariä Empfängnis»

Lachs-Pistazien-Terrine mit Trüffeln

***

Kastaniensuppe mit Greyerzer Käse und Zimt

***

Mit Tannenreisig geräucherte Lammrückenfilets auf
Lauchgemüse mit Heidelbeeren

***

Dattel-Nuß-Kuchen
mit in Rotwein eingelegten Zwetschgen
und Sahne

# Lachs-Pistazien-Terrine mit Trüffeln

**Ergibt 1 kg**
500 g Lachs, in Würfel geschnitten und leicht angefroren
60 g Eiweiß
100 g Toastbrot ohne Rinde
50 g Portwein
20 g Sherry
3 dl Sahne
Salz, etwas Muskat
40 g blanchierte, abgezogene Pistazien, gehackt
1 Trüffel, geputzt und in feine Streifen geschnitten

**Zum Anrichten**
Kresse
Zitronenviertel
frisch geraffelter Meerrettich

Das Toastbrot in 2 cm große Würfel schneiden und in Wasser kurz einweichen, auspressen und mit dem angeschlagenen Eiweiß und den Lachswürfeln durch die feine Scheibe des Fleischwolfs drehen. Anschließend in den Cutter geben und abwechslungsweise Sherry, Portwein und Sahne unter die Masse mixen. Mit Salz und Muskat würzen. Abschmecken und durch ein feines Haarsieb streichen. Pistazien und Trüffeln darunterheben.

Eine Terrinenform mit Alufolie auslegen, buttern und die Masse einfüllen. Die Form in ein heißes Wasserbad stellen und im vorgeheizten Backofen zugedeckt bei 180 Grad etwa 45 bis 50 Minuten garen. Nach dem Auskühlen 5 bis 6 Stunden im Kühlschrank ruhen lassen. Vor Gebrauch stürzen. In Tranchen schneiden und auf Kressesalat mit Zitronenvierteln und frisch geraffeltem Meerrettich servieren.

## Kastaniencremesuppe mit Greyerzer Käse und Zimt

Die Eßkastanien in der Bouillon etwa 30 Minuten zugedeckt leicht köcheln, bis sie weich sind. Den Reis hinzufügen und nochmals etwa 20 Minuten kochen lassen. Alles kurz im Mixer pürieren, wieder in den Topf geben, aufkochen, mit Sahne verfeinern und mit Salz abschmecken. Die Suppe in vorgewärmte Teller oder Tassen anrichten. Die feinen Käseblättchen darauflegen, mit Butterflocken und Zimt bestreuen und servieren.

*Tip:* Der harmonische Duft von Kastanien, Käse und Zimt interpretiert die Adventszeit aufs beste.

Für 4 Personen
300 g gefrorene Eßkastanien
100 g Reis
1 l leichte Gemüsebouillon
Salz
1 dl Sahne
50 g Greyerzer Käse, in feine Blättchen geschnitten
20 g Butter
gemahlener Zimt

# Mit Tannenreisig geräucherte Lammrückenfilets auf Lauchgemüse mit Heidelbeeren

**Für 4 Personen**
600 g Lammrückenfilets
2 Tannenzweige
Holzkohle, Brennsprit
Salz, Pfeffer, Thymian
Öl zum Anbraten
3 bis 4 mittelgroße Lauchstengel (nur das Weiße), gewaschen, längs halbiert und in 2 mm breite Streifen geschnitten
50 g Butter
1 dl Bouillon
2 dl Sahne
Salz, Pfeffer und Bärlauchpaste (siehe «Frühling in der Küche») oder ersatzweise 1 Knoblauchzehe, fein gehackt
50 g Heidelbeeren, süß-sauer (siehe «Sommer in der Küche»)

Die Lammrückenfilets mit Salz, Pfeffer und Thymian würzen und etwa 1 Stunde marinieren.

Einen tiefen Schmortopf mit Deckel mit Holzkohle ausstreuen (nur knapp den Boden bedecken), etwas Brennsprit darübergeben und anzünden – aber bitte im Garten! Sind die Holzkohlen glühend, kleine, zurechtgeschnittene Tannenzweige darauflegen und gut abdecken, damit es stark qualmt und kein Feuer entsteht. Die Lammrückenfilets auf die Glut legen und mit dem Deckel gut verschließen, damit der Rauch darunter bleibt. Etwa 3 Minuten zugedeckt stehenlassen, dann wieder öffnen und die Filets herausnehmen, abkühlen lassen und das Feuer mit genügend Wasser löschen.

*Achtung: Die Asche gut auskühlen lassen und nicht in den Abfalleimer werfen – Brandgefahr!*

Die Butter in einer Pfanne zergehen lassen und den Lauch kurz dünsten. Mit Bouillon ablöschen und aufkochen. Die Sahne beigeben, mit Salz, Pfeffer und Bärlauchpaste würzen. In der Zwischenzeit die Lammrückenfilets im Öl braten. Das Lauchgemüse auf 4 vorgewärmte Teller anrichten. Die schön rosa gebratenen Lammrückenfilets in Medaillons schneiden und auf das Gemüse verteilen. Mit süß-sauren Heidelbeeren bestreuen und sofort servieren.

# Dattel-Nuss-Kuchen

Zucker und Butter etwa 10 Minuten kräftig schaumig rühren. Die Eier nacheinander unter die Masse rühren. Das aufgelöste Natron mit einer Prise Salz, den Nüssen und den Datteln dazugeben. Das gesiebte Mehl unterrühren und den Teig auf zwei Kastenformen verteilen. Im vorgeheizten Backofen bei 170 Grad 1¾ Stunden backen, bis sich die Kuchen etwas vom Rand der Form lösen.

Dazu servieren Sie in Rotwein und Zimt eingelegte Zwetschgen und geschlagene Sahne.

Ergibt
2 Kuchen von
21 × 11 cm

500 g Datteln, entkernt und grob gehackt
130 g Walnüsse, grob gehackt
120 g Haselnüsse, grob gehackt
275 g brauner Zucker
250 g Butter
3 Eier
1 TL Natron, in 1 EL heißem Wasser aufgelöst
1 Prise Salz
325 g Mehl
1 Glas eingelegte Zwetschgen (siehe «Herbst in der Küche»)
2 dl geschlagene Sahne

# *DAS HOROSKOP DES SCHÜTZEN*

*23. November bis 21. Dezember*

*Der Schütze ist fast so schnell wie sein Pfeil – immer auf dem Sprung, immer in Bewegung. Er kommt nur selten außer Atem, er ist ein Enthusiast. Aber er ist unbeständig, dauernd auf der Suche. Was immer er auch tut, lieber hätte er gerade etwas anderes gemacht. Schützen sind sehr selbständig und verwirklichen sich am besten in Berufen, die in die Ferne schweifen, denn Reisen geht ihnen über alles. Es kann vorkommen, daß sie es versäumen, eine Familie, Freunde und ein Heim zu haben, denn Gefühle wie Liebe gehören nicht zu ihren Hauptsorgen. Unstet wie sie sind, gehen sie am liebsten erst spät feste Bindungen ein, werden dann aber aufmerksame, angenehme und zuvorkommende Partner.*

*Schützen sind uneigennützig und Idealisten. Verglichen mit dem Erfolg und der Befriedigung, die sie sich dadurch verschaffen, bedeutet ihnen Geld höchstens ein notwendiges Übel.*

*Der Schütze liebt es, einen richtigen Keller mit köstlichen Weinen und Spirituosen zu besitzen. Mit Wehmut wird er dann und wann eine Flasche öffnen und dabei die Stimmung vergangener Reisen und Unternehmungen noch einmal erleben.*

*Der Schütze ist ein ausgesprochener Liebhaber von Süßigkeiten!*

# Geburtstagsdiner für den Schützen

Kartoffelblinis mit marinierten Lachsscheiben
und Preiselbeer-Meerrettich-Sahne

***

Feldsalat-Cremesuppe

***

Jungente mit süß-saurer Brombeersauce
auf Sauerkraut

***

Mohnparfait mit Löwenzahnblütenmelasse

# Kartoffelblinis mit marinierten Lachsscheiben und Preiselbeer-Meerrettich-Sahne

**Für 4 Personen**
280 g rohe Lachsfilets, in hauchdünne Scheiben geschnitten
30 g feine Karottenstreifen
20 g weiße Lauchstreifen
10 g Fenchelstreifen
5 g Fenchelkraut, grob gehackt

**Marinade**
40 g Apfelessig
30 g Wasser
1 gestrichener TL Zucker
½ TL Salz
schwarzer Pfeffer
1 Zitrone (Saft)

**Preiselbeer-Meerrettich-Sahne**
60 g geschlagene Sahne
20 g Preiselbeerkompott püriert, ohne Flüssigkeit (siehe «Herbst in der Küche»)
frischer Meerrettich, fein geraffelt (Menge nach Wunsch)
etwas Salz

**Kartoffelblinis**
200 g geriebene, rohe Kartoffeln
30 g Buchweizenmehl
1 Ei
1 bis 2 EL Milch
Salz, Pfeffer und geriebener Muskat
½ dl Erdnußöl

Eine Lachsscheibe in ein flaches Geschirr geben und mit roher Gemüsemischung bestreuen. Alle Zutaten der Marinade vermengen und etwas davon darüberträufeln, dann die nächste Scheibe Fisch leicht versetzt anlegen und wiederum mit Gemüse bestreuen und mit der Marinade beträufeln. Wiederholen, bis die Lachstranchen, das Gemüse und die Marinade aufgebraucht sind. Alles leicht flachdrücken, damit sämtliche Zutaten in der Marinade liegen. Mit Pergamentpapier abdecken und etwa 3 Stunden im Kühlschrank ziehen lassen.

Für die Preiselbeer-Meerrettich-Sahne alle Zutaten gut miteinander vermischen.

Für die Blinis die feingeriebenen Kartoffeln mit Buchweizenmehl, Ei, Milch und Gewürzen vermischen und abschmecken. In einer Eisenpfanne das Erdnußöl erhitzen und 8 kleine Kartoffelplätzchen hellbraun backen. Auf einer Papierserviette abtropfen lassen und je zwei Plätzchen auf einen Teller geben. Die Plätzchen mit dem abgetropften marinierten Gemüse und den dünnen, mit der Papierserviette trockengetupften Lachsscheiben belegen. Mit einem Fenchelsträußchen ausgarnieren. Dazu mit dem Eßlöffel abgezogene Muscheln aus Preiselbeer-Meerrettich-Sahne servieren.

## Feldsalat-Cremesuppe

Die Bouillon mit dem Sherry aufkochen und abschmecken. Butter in einer Pfanne zergehen lassen, Schalotten andünsten, den Spinat dazugeben und nochmals kurz dünsten, mit der heißen Bouillon ablöschen und aufkochen lassen. Im Mixer fein pürieren. Wieder in die Pfanne zurückgeben, 1/3 der Suppe im Mixer zurückbehalten, die restlichen Zutaten beigeben und ebenfalls fein pürieren. In die heiße Suppe geben, kurz vors Kochen bringen (nicht kochen lassen wegen Gerinnungsgefahr), sofort anrichten und servieren.

*Tip:* Diese Suppe eignet sich nicht zum Aufwärmen, da sich dabei der Geschmack stark verändert!

Für 4 Personen
5 dl leichte Gemüse- oder Fleischbouillon
20 g Sherry
Salz, Muskat
1 EL Butter
2 Schalotten, fein gehackt
40 g frischer, feingeschnittener Spinat
1½ dl Sahne
1 Eigelb
70 g feingeschnittener Feldsalat

## Jungente mit süss-saurer Brombeersauce auf Sauerkraut

Die Ente mit Salz und Pfeffer einreiben und im Öl bei 220 Grad im Ofen braten. Nach 40 Minuten, wenn sie zu 2/3 gar ist (rosé), die Ente aus dem Ofen nehmen und warm stellen. Den Bratensaft im Bräter entfetten. Mit Portwein ablöschen, Bouillon zugießen, aufkochen, den Brombeersaft darunterrühren und zu einer sirupdicken Sauce einkochen. Mit Ingwerpulver und Cayennepfeffer abschmecken und die süß-sauren Brombeeren hineingeben. Die Ente in 8 Teile schneiden und mit der Sauce begießen. Auf mit Sahne und Schaumwein gekochtem Sauerkraut servieren. (Siehe Rezept «Sauerkraut in Sahne und Schaumwein», Seite 57.)

Für 4 Personen
1 Jungente (etwa 2,8 kg)
Salz, Pfeffer aus der Mühle
½ dl Arachidöl
1 dl Portwein
2 dl Bouillon
90 g Brombeeren, süß-sauer eingelegt (siehe «Sommer in der Küche»)
3 EL Saft von süß-sauren Brombeeren
¼ TL Ingwerpulver
Cayennepfeffer

## Mohnparfait mit Löwenzahnblütenmelasse

**Für 6 bis 8 Personen**
120 g Mohn
1 Vanillestange
2 dl Milch
4 Eigelb
120 g Zucker
1½ EL Löwenzahnblütenmelasse (siehe «Frühling in der Küche», Rezept «Löwenzahnblütenhonig») oder Honig
5 dl geschlagene Sahne
gehackte Pistazien und Sahne zum Garnieren

Den Mohn im Mörser fein zerstoßen, dann mit der Vanillestange in 1 dl Milch etwa 8 Minuten quellend kochen. Die Vanillestange entfernen, das Mark herauskratzen, in die Mohnmilch geben und diese beiseite stellen.

Eigelb und Zucker cremig schlagen. 1 dl Milch mit der Löwenzahnblütenmelasse aufkochen und nach und nach unter die Eigelbmasse rühren. Kurz vors Kochen bringen, dann sofort in eine Schüssel geben und kaltrühren. Die Mohnmilch mit der kalten Creme vermischen. Die geschlagene Sahne darunterziehen. Sofort in vorgekühlte Portionenformen geben und 5 bis 6 Stunden gefrieren lassen. Aus den Formen stürzen, mit Schlagsahne ausgarnieren und mit gehackten Pistazien bestreuen.

## *SAUERKRAUT*

*Die heilsame, entschlackende Wirkung von Sauerkraut ist unbestritten: Es wird bei Schlankheitskuren angewendet, denn es baut Fett im Körper ab (sofern Sie nicht Speck dazu essen), und es wirkt stoffwechselanregend. Sauerkraut ist zudem reich an Vitaminen und Mineralstoffen.*
*Das Angebot im Handel ist vielfältig, und doch findet man vielleicht nicht immer jenes Sauerkraut, das dem eigenen Geschmack entspricht. Deshalb schlage ich vor, Sauerkraut einmal selber einzumachen. Am besten eignet sich dazu der Winterkohl, weil er einen höheren Zuckergehalt hat als der Kohl aus der Spätsommerernte.*
*Übrigens: Mehrmals aufgewärmtes Sauerkraut schmeckt von Mal zu Mal besser!*

*Der Bischof von Passau, Graf Lamberg, ließ sich 1712 eine riesige Schüssel mit Sauerkraut, Speck und Würsten an sein Sterbelager bringen. Er griff kräftig zu, «wodurch Seine Eminenz am bayerischen Hauptvergnügen verendete», berichtet die Chronik.*
*Die Chinesen konservierten schon vor 6000 Jahren Kraut durch Milchsäuregärung.*
*Der römische Kaiser Tiberius soll bei seinen Reisen in den Orient Sauerkraut im Reisegepäck gehabt haben. Die Bestätigung liegt auf dem Tisch: Sauerkraut gehört in jede Küche, ob arm oder reich.*
*Heinrich Heine rief nach seiner Rückkehr nach Deutschland euphorisch aus:*
*«Sei mir gegrüßt, mein Sauerkraut, holdselig sind deine Genüsse!»*
*«Denke an die gesunde Speise und iß täglich Sauerkraut», dichtete einst Wilhelm Busch.*
*«Sauerkraut, der Kaminfeger für Magen und Darm», ist in einem alten Medizinbuch nachzulesen.*

## Weinsauerkraut

**Für ein 15-l-Gefäss**
15 kg Weißkohl (netto)
225 g Salz
100 g Zucker
1 Flasche (7,5 dl) Weißwein (Riesling)
1 Gewürzsäckchen, bestehend aus
20 Wacholderbeeren,
2 EL Kümmel,
5 Lorbeerblättern

Den Weißkohl von den welken Blättern befreien. Einige große, schöne Blätter beiseite legen. Die Kohlköpfe vierteln und ohne Strunk und dicke Adern fein hobeln. Mit Salz und Zucker gleichmäßig in ein großes Gefäß einstreuen und mischen. Mit einem Stößel stampfen, bis das Kraut weich wird und Saft zieht. Dann die beiseite gelegten Kohlblätter auf den Boden des Einmachgefäßes legen und das Kraut fest einschichten. Dabei jede Lage mit Hilfe eines Brettes gut zusammendrücken. Diesen Vorgang wiederholen, bis der Topf ganz voll ist. Auf 2/3 Höhe das Gewürzsäckchen beigeben. Das Kraut mit einem gebrühten Tuch und einem Brett bedecken und mit einem großen Stein beschweren. Bei 18 Grad Raumtemperatur zum Gären bringen, in den folgenden 8 bis 10 Tagen öfters abschäumen und einmal mit dem Stiel eines Holzlöffels durchstoßen, damit die sich bildenden Gase gut entweichen können.

Nach dem Gären die Oberfläche gut reinigen, so daß das Kraut nur von seinem klaren Saft umgeben ist. Nun den Weißwein dazugießen und das Kraut mehrmals druchbohren, damit das feine Aorma sich gleichäßig ausbreiten kann. Die Bedeckung gut gereinigt wieder auflegen und das Kraut von jetzt an im kältesten Raum oder im Gemüsekühlschrank lagern. Nach etwa 4 Wochen kann schon das erste Mal Sauerkraut entnommen werden.

## Sauerkrautsalat

**Für 4 Personen**
500 g mildes Sauerkraut, gut abgetropft und grob gehackt
2 kleine Äpfel, entkernt und geraspelt
30 g in Wasser eingelegte Korinthen
1 EL Zitronensaft
1 TL Zucker
1 EL Weinessig
2 EL Öl
100 g Joghurt nature
frisch gemahlener schwarzer Pfeffer

Das Sauerkraut mit den Händen leicht lockern, die Äpfel und die ausgepreßten Korinthen daruntermischen. Aus Zitronensaft, Zucker, Weinessig, Öl, Joghurt und Pfeffer eine Marinade zubereiten und unter den Salat rühren.

Als Vorspeise schmeckt Sauerkrautsalat ausgezeichnet zu geräucherter Gänsebrust oder zu Gänseleberterrine, zu geräuchertem, getrocknetem Schinken oder zu kaltem, gekochtem Rindfleisch.

*Tip:* Ist das Sauerkraut zu sauer, kann man es kurz in kaltes Wasser tauchen und leicht ausdrücken.

## Grundrezept für Sauerkraut

Fett in einen Schmortopf geben, die Zwiebeln darin anziehen. Das Sauerkraut dazugeben. Mit den Speckschwarten, dem Gewürzbeutel und der Bouillon zugedeckt im Ofen etwa 60 Minuten köcheln lassen. Eventuell zwischendurch etwas Wasser nachgießen. Dann mit dem Apfelwein, vermischt mit der geriebenen Kartoffel, das Sauerkraut abbinden. Mit einer Gabel gut durchmengen, würzen und nochmals etwa 30 Minuten zugedeckt köcheln lassen. Das Sauerkraut zugedeckt im Schmortopf erkalten lassen! Bei Bedarf mit etwas Wasser oder Weißwein aufwärmen.

Mehrmals aufgewärmtes Sauerkraut schmeckt besser und wird milder. Gekochtes Sauerkraut läßt sich im Kühlschrank zugedeckt gut 2 bis 3 Wochen aufbewahren.

*Tip:* Ist das Sauerkraut zu sauer, die Hälfte davon oder die ganze Menge mit der Wasserbrause abspülen und gut auspressen.

*Zu beachten:* Für Vegetarier muß das Sauerkraut ohne Speckschwarte gekocht werden.

2 kg Sauerkraut
60 g Gänseschmalz, Schweineschmalz oder Butter
1 mittelgroße Zwiebel, fein geschnitten
5 dl leichte Bouillon
2 Räucherspeckschwarten
1 Gewürzbeutel, bestehend aus 6 Wacholderbeeren, 1 TL Kümmel, 1 TL gestoßenem schwarzem Pfeffer, 2 Lorbeerblättern (in ein feines, etwa 15 × 15 cm großes Leinentuch einbinden)
3 dl Apfelwein
1 mittelgroße, feingeriebene rohe Kartoffel
Salz und Pfeffer

Dieses Rezept läßt jedem Feinschmecker und Liebhaber von Sauerkrautgerichten das Wasser im Mund zusammenlaufen!

## Sauerkraut in Sahne und Schaumwein mit süss-sauren Preiselbeeren

Das Sauerkraut mit dem Schaumwein oder dem Champagner aufwärmen. Die Sahne dazugeben, nochmals kurz aufkochen. Mit Salz und Pfeffer würzen, mit den Preiselbeeren bestreuen und servieren.

Je nach Wunsch Salzkartoffeln oder Kartoffelpüree dazu reichen.

Für 4 Personen
320 g gekochtes Sauerkraut (siehe Grundrezept, Seite 57)
1 dl Schaumwein oder Champagner
1½ dl Sahne
50 g süß-sauer eingelegte Preiselbeeren (siehe «Herbst in der Küche»)
Salz und Pfeffer

## Karpfen mit Sauerkraut und Preiselbeerkompott

**Für 4 Personen**
750 g Karpfenfilets
800 g gekochtes Sauerkraut (siehe Grundrezept, Seite 57)
Salz, Pfeffer
Mehl
100 g Butter
4 EL dicker Sauerrahm
80 g Preiselbeerkompott (siehe «Herbst in der Küche»)

Das Sauerkraut am Vortag zubereiten und aufwärmen. Die Karpfenfilets mit Salz und Pfeffer würzen, im Mehl wenden, das Mehl gut abklopfen. Die Filets in Butter kurz anbraten (sie müssen noch fast roh sein). Das Sauerkraut in einer feuerfesten Form anrichten, die Filets darauf legen, mit Sauerrahm übergießen und das Preiselbeerkompott darüber verteilen. Mit gebuttertem Pergamentpapier abdecken und im vorgeheizten Ofen bei 200 Grad etwa 15 Minuten garen.

Mit Salzkartoffeln servieren.

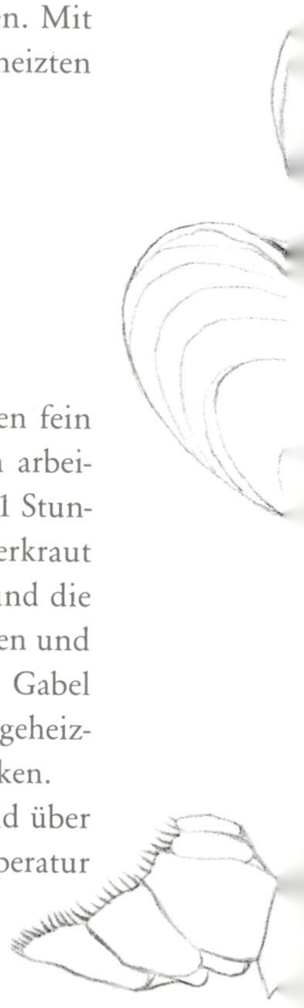

## Sauerkrautkuchen mit Nüssen und Rosinen*

**Für ein Kuchenblech von 28 cm Durchmesser**

**Teig**
220 g Vollkornmehl
100 g Butter
1 Prise Salz
0,8 bis 1 dl Wasser

**Füllung**
320 g Sauerkraut, roh
80 g Walnüsse
30 g Sultaninen (etwa 1 Stunde im Wasser aufquellen lassen)

**Guss**
2 dl Sahne
1 dl Milch
2 Eier
Salz
1 Msp Kümmelpaste (siehe «Sommer in der Küche»)
oder feingestoßener Kümmel

Mehl, Butter und Salz in einer Schüssel mit den Händen fein reiben. Wasser in kleinen Portionen unter das Gemisch arbeiten (nicht zu stark kneten, da der Teig sonst zäh wird). 1 Stunde an der Kühle zugedeckt ruhen lassen. Das rohe Sauerkraut in einer Schüssel lockern, die grobgehackten Walnüsse und die abgetropften Sultaninen untermischen. Den Teig ausrollen und das Backblech damit belegen. Den Teigboden mit einer Gabel einstechen. Das Krautgemisch darauf verteilen. Im vorgeheizten Ofen bei 230 bis 250 Grad etwa 20 Minuten anbacken.

Für den Guß alle Zutaten miteinander verrühren und über den angebackenen Kuchen gießen. Bei gleicher Temperatur etwa 30 Minuten fertigbacken.

## Sauerkraut mit Miesmuscheln

**Für 4 Personen**
320 g Sauerkraut, mit Schaumwein und Sahne gekocht (Rezept Seite 57)
800 g entbartete Miesmuscheln
1 dl Olivenöl
2 gehackte Schalotten
1 EL gehackte Petersilie
2 dl Weißwein
2 EL süß-saure Preiselbeeren (siehe «Herbst in der Küche»)

Eine flache, breite Kasserolle mit Deckel erhitzen. Olivenöl hineingießen, die geputzten Miesmuscheln mit den Schalotten, der Petersilie und dem Wein schnell in das heiße Öl geben. Sofort den Deckel auflegen, damit sich die Muscheln durch den heißen Dampf rasch öffnen. Etwa 10 Minuten dämpfen, dann die Kasserolle vom Feuer nehmen.

Die Muscheln aus der Schale nehmen, den Sud sorgfältig abgießen, so daß die Petersilie mitkommt, aber der Sand zurückbleibt. Diese Flüssigkeit halbieren. Mit der einen Hälfte erwärmen Sie das Sauerkraut, in die andere Hälfte legen Sie die ausgelösten Miesmuscheln (nicht kochen lassen). Nun richten Sie das Sauerkraut auf vorgewärmten Tellern an. Darauf verteilen Sie die Miesmuscheln und streuen die süß-sauren Preiselbeeren darüber.

*Zu beachten:* Frische Muscheln, die geöffnet sind, müssen ausgeschieden werden, da sie verdorben sind. Das gleiche gilt beim Kochen: Muscheln, die sich nicht öffnen, sind auszuscheiden.

## Sauerkraut mit gegrillten Scampischwänzchen

**Für 4 Personen**
320 g Sauerkraut, mit Schaumwein und Sahne gekocht (Rezept Seite 57)
600 bis 700 g Scampischwänzchen, so ausgebrochen, daß die letzten zwei Panzerringe mit den 5 Schwanzflossen bestehen bleiben (Darm entfernen)
1 Zitrone, abgerieben
Pfeffer, Salz, Thymian
½ dl Olivenöl

Das gekochte Sauerkraut aufwärmen. Die vorbereiteten Scampischwänzchen mit Zitronenschale, Pfeffer, Salz und Thymian würzen. Das Olivenöl darübergeben und die Marinade etwa 10 Minuten einziehen lassen. Vor dem Servieren die Scampi auf einem heißen Grill oder in einer heißen Grillpfanne kurz rösten, so daß sie auf den Punkt gegart sind. Sofort auf das Sauerkraut anrichten und servieren. Nach Wunsch mit süß-sauren Preiselbeeren (Rezept siehe «Herbst in der Küche») bestreuen.

*Tip:* Auf den Punkt garen heißt: An der dicksten Stelle muß das Kochgut knapp durchgegart sein.

Auf die gleiche Art können Sie Hummerschwänzchen, Langusten und so weiter zubereiten.

## Lammkarree auf Sauerkraut mit Lebkuchenbröseln

**Für 4 Personen**
440 g Sauerkraut, mit Sahne und Schaumwein gekocht (Rezept Seite 57)
600 g Lammkarree
30 g Öl
40 g Lebkuchenbrösel (Rezept «Luzerner Lebkuchen», Seite 37)
Salz und Pfeffer

Das sauber dressierte Lammkarree mit Salz und Pfeffer würzen, in Öl im Ofen gut anbraten. Dann die Temperatur zurückstellen und rosa fertigbraten. Einige Minuten an der Wärme abstehen lassen. Das erwärmte Sauerkraut in einer feuerfesten Form anrichten, das Lammkarree darauf legen und mit Lebkuchenbröseln bestreuen. Im Ofen bei starker Oberhitze leicht anbräunen.

Dazu empfehle ich Ihnen Kartoffelpüree.

## Sauerkraut-Vollkorn-teigtäschchen mit Salbei und brauner Butter*

**Für 4 Personen**

**Teig**
300 g Weizenmehl, sehr fein gemahlen
100 g Vollkorngrieß
Salz
1 TL Olivenöl
4 kleine Eier (200 g)
1 bis 2 EL lauwarmes Wasser

**Füllung**
200 g Sauerkraut, mit Sahne und Schaumwein gekocht (Rezept Seite 57)
80 g Butter
8 Salbeiblätter, in feine Streifen geschnitten

**Zum Bestreichen**
1 Ei, verquirlt mit 2 EL Wasser

Mehl und Grieß zu einem Kranz formen. Alle übrigen Zutaten in einer Schüssel gut aufschlagen und in die Mitte des Mehlkranzes geben. Von Hand die Flüssigkeit mit dem Mehl vermengen und untermischen, bis ein weicher, zäher Teig entsteht. Etwa 10 bis 15 Minuten kneten. Ist der Teig zu klebrig, gibt man noch etwas Mehl bei. Den Teig einige Stunden zugedeckt in einer Schüssel ruhen lassen, dann zu einer Rolle formen, leicht flachdrücken und in Stücke schneiden. Hauchdünn durch die Nudelmaschine drehen und gleichmäßige quadratische Plätzchen schneiden (etwa 5 × 5 cm). Die Plätzchen mit dem verdünnten Ei bepinseln. In die Mitte jedes Quadrats ein kleines Sauerkrauthäufchen setzen und den Teig einmal falten, so daß ein Dreieck entsteht. Den Rand gut andrücken, damit die Füllung beim Kochen nicht herausquillt. In viel Salzwasser, dem 1 EL Öl beigegeben wurde, etwa 2 bis 3 Minuten kochen, abgießen und mit brauner Butter und Salbeistreifen servieren.

*Tip:* Die fertig zubereiteten Teigtäschchen können auch auf Vorrat hergestellt und einzeln lose tiefgefroren werden. Bis zum Gebrauch in einer Plastiktüte veschlossen im Tiefkühler lagern. Noch gefroren in siedendes Salzwasser geben (nicht auftauen lassen!).

## Sauerkraut-Vollkornstrudel*

**Für 4 Personen**
Vollkornteig (Rezept und Menge siehe unter «Sauerkraut-Vollkornteigtäschchen», Seite 60)
350 g Sauerkraut, mit Sahne und Schaumwein gekocht (Rezept Seite 57)
1 Ei, mit 1 EL Wasser verquirlt
80 g Butter
140 g Paniermehl

Den Teig hauchdünn zu einem Rechteck auswellen. Auf ein Küchentuch legen. Die Ränder von zwei Quer- und einer Längsseite 1½ cm breit mit dem verquirlten Ei bestreichen. Das kalte Sauerkraut einstreuen (die Ränder frei lassen) und von der nicht bestrichenen Längsseite her straff einrollen. Den Strudel in eine alte Serviette einbinden und in einer rechteckigen Schmorpfanne in kochendem Wasser mit etwas Salz und 1 EL Öl etwa 15 bis 20 Minuten ziehen lassen.

Den Sauerkrautstrudel aus der Serviette nehmen. Die Enden wegschneiden und den Strudel in etwa 1 cm breite Scheiben schneiden. In einer Pfanne die Butter zum Schäumen bringen und das Paniermehl einstreuen. Die angerichteten Strudelrouladen mit den Bröseln übergießen.

*Tip:* Dieses Gericht kann auch als Beilage serviert werden.

## Rindsfiletgulasch mit Sauerkraut an Paprika-Sauerrahm-Sauce

**Für 4 Personen**
440 g gekochtes Sauerkraut (siehe Grundrezept, Seite 57)
480 g Rindsfilet, in 1½ cm große Würfel geschnitten
1 dl kräftiger Rotwein
1 dl kräftige Bratensauce
2 dl Sauerrahm
1½ EL mittelscharfer Paprika
Pfeffer aus der Mühle
50 g Olivenöl
Salz

Rotwein und Bratensauce in eine passende Pfanne geben und etwas einkochen lassen. Den Sauerrahm dazugeben und zu einer Creme einkochen. Paprika beifügen und das gut abgetropfte Sauerkraut in der Sauce aufkochen. Mit Pfeffer und Salz nachwürzen.

In einer Bratpfanne das Öl erhitzen. Die Rindfleischwürfel mit Salz und Pfeffer leicht würzen und im sehr heißen Olivenöl kurz anbraten. Das Öl sofort abgießen und das Fleisch mit dem Paprikasauerkraut mischen. Nicht mehr kochen lassen! Sofort mit Pellkartoffeln servieren.

# DAS WEIHNACHTSBÄUMLEIN

Es war einmal ein Tännelein
mit braunen Kuchenherzelein
und Glitzergold und Äpflein fein
und vielen bunten Kerzelein:
Das war am Weihnachtsfest so grün,
als fing es eben an zu blühn.
Doch nach nicht gar zu langer Zeit,
da stand's im Garten unten,
und seine ganze Herrlichkeit
war, ach, dahingeschwunden.
Die grünen Nadeln war'n verdorrt,
Die Herzlein und die Kerzlein fort.
Bis eines Tags der Gärtner kam,
den fror zuhaus im Dunkeln,
und es in seinen Ofen nahm –
hei! tat's da sprühn und funkeln!
Und flammte jubelnd himmelwärts
in hundert Flämmlein an Gottes Herz.

CHRISTIAN MORGENSTERN

# 24. Dezember, Heiligabend, Christi Geburt
# 25. Dezember, Weihnachten

# WEIHNACHTEN, DIE ZEIT ZUM TRÄUMEN

*Weihnachtszeit, heilige Zeit. Zu keiner andern Zeit träumen die Menschen wie in diesen Tagen. Ein Kind wurde uns geboren, arm in einem Stall und doch als königlicher Retter. Sein Licht erhellte die Dunkelheit, es fordert uns auf, den Haß gegen Frieden und Freude einzutauschen. Ladet alle zum Mahl an den gedeckten Tisch ein: Arme, Kranke, Ausgestoßene und Feinde. Ein christliches Fest, das keine Grenzen kennt, hat sich über die ganze Erde verbreitet. Weihnachten ist das Fest der Freude, der Besinnung, der inneren Einkehr und des Zusammenseins. Mit Hunderten von Rezepten aus allen Ländern wird versucht, die Menschen wieder zusammenzubringen, damit sie miteinander reden und feiern.*

# Weihnachtsmenü

Roher Lachs an Limetten-Kräuter-Marinade
auf Feldsalat

***

Ochsenschwanzsuppe mit Portwein und Gerste

***

Gebratene Kalbsbriesnüßchen auf Tomatenchutney
und gebackene Chicoréespitzen

***

Eingelegte Gans auf Winterspargel an Orangensauce
mit grünen Nüssen

***

Christmas Pudding
(Englischer Weihnachtspudding)

# Roher Lachs an Limetten-Kräuter-Marinade auf Feldsalat

**Für 12 Personen**
1 kg frischer Lachs, filetiert und in dünne Scheiben geschnitten
500 g Feldsalat

**Marinade**
1 dl kaltgepreßtes Haselnußöl
1 dl frischer Limettensaft
1 EL feingeschnittener Schnittlauch
1 EL feingehackter Kerbel
1 EL feingehackter Estragon
Salz und schwarzer Pfeffer

**Garnitur**
1 große Karotte, geschält
1 kleine Sellerieknolle, geschält

**Meerrettich-sauce**
1 dl Sahne
1 dl Mayonnaise
Meerrettich, frisch geraffelt, nach Geschmack
Salz und Pfeffer

Die Marinadezutaten mischen und gut umrühren. Die Hälfte der Marinade in eine große, flache Platte geben. Die Lachsscheiben hineinlegen und die restliche Marinade darübergießen. Etwa 2 Minuten ziehen lassen, bis sich der Lachs blaßrosa färbt. Den Fisch aus der Marinade nehmen und abtropfen lassen. Den Feldsalat auf die Teller verteilen und die Lachsscheiben darauf anrichten. Karotte und Sellerieknollen in hauchdünne Scheiben schneiden, kleine Sterne ausstechen und über das Gericht streuen. Aus Sahne, Mayonnaise, Meerrettich, Salz und Pfeffer eine Sauce herstellen und separat dazu servieren.

# Ochsenschwanzsuppe mit Portwein und Gerste

Im Ofen die Ochsenschwanzstücke mit der Speckschwarte im Bräter gut anbraten. Zwiebeln, Sellerie und Karotten beifügen und alles langsam leicht rösten. Das Tomatenmark dazugeben und das Ganze noch einige Minuten im Ofen lassen. Alles aus dem Bräter nehmen und möglichst ohne Fett in einen Kochtopf geben. Die kalte Bouillon mit den Gewürzen dazugießen, aufkochen und dabei den Schaum sorgfältig abschöpfen. Wenn sich kein Schaum mehr bildet, bei schwacher Hitze 3 bis 3½ Stunden köcheln lassen, bis sich das Fleisch von selbst vom Knochen löst. Die Suppe sorgfältig abseihen und mit Portwein und Salz abschmecken. Das Ochsenschwanzfleisch in eine Terrinenform geben und mit einer zweiten Terrinenform beschweren, so daß das Fleisch gut zusammengedrückt wird. Erkalten lassen, die Form stürzen, rund 180 g Fleisch auf der Aufschnittmaschine in etwa ½ cm dicke Scheiben und anschließend in kleine Würfel schneiden.

Vor dem Servieren die Ochsenschwanzwürfel und die gekochten Gerstenkörner in vorgewärmte Tassen oder Teller anrichten und mit der heißen, entfetteten Ochsenschwanzsuppe übergießen.

*Tip:* Nach Wunsch können Sie frische, feingeschnittene Wintertrüffeln in die Suppe geben!

*Idee:* Das restliche Fleisch kann später zu einem rassigen Ochsenschwanzsalat verarbeitet werden: Das Fleisch leicht erwärmen und mit einer Sauce aus Öl, Essig, Salz und Pfeffer anmachen.

**Für 12 Personen**
2 kleine Ochsenschwänze, in Stücke geschnitten
1 Räucherspeckschwarte
2 Zwiebeln, mit der Schale grob geschnitten
½ Sellerie, in grobe Würfel geschnitten
2 Karotten, in grobe Würfel geschnitten
1 EL Tomatenmark
6 bis 7 Nelken
½ TL Pfefferkörner
3 l leichte Bouillon
Salz
1 dl Portwein
60 g Gerste, in viel Wasser gekocht

# Gebratene Kalbsbriesnüsschen auf Tomatenchutney und gebackene Chicoréespitzen

**Für 12 Personen**
600 g Kalbsbries
1 kleine Zwiebel, mit 1 Lorbeerblatt und 3 Nelken gespickt
2 dl Weißwein
¼ Lauchstengel und ⅓ Sellerieknolle, geschält und zusammengebunden
2 l Wasser
Salz und Pfeffer
80 g Butter
360 g Tomatenchutney (siehe Sommer in der Küche) oder ersatzweise Tomatensauce
360 g Chicorée in ½ cm breite Streifen geschnitten
Salz und Pfeffer
Mehl zum Bestäuben
Öl zum Ausbacken

Das Kalbsbries wässern und mit Wasser, Weißwein, Zwiebel und Gemüsebündel auf den Siedepunkt bringen. Mit Salz und Pfeffer würzen, etwa 15 bis 20 Minuten ziehen lassen und gut abschäumen. Das Kalbsbries im Sud erkalten lassen, dann herausnehmen, trockentupfen und in Nüßchen (etwa in der Größe einer kleinen Fingerbeere) zupfen. Das Tomatenchutney erwärmen. Den Chicorée mit Salz und Pfeffer würzen und in Mehl wenden, gut ausschütteln. In der vorgeheizten Friteuse bei 170 Grad knusprig backen.

In der Zwischenzeit die Kalbsbriesnüßchen mit Salz und Pfeffer würzen und mit Mehl bestäuben. Eine große gußeiserne Bratpfanne erhitzen und die Butter darin aufschäumen lassen. Das Kalbsbries leicht braun braten.

Die warme Tomatenchutneysauce in die Mitte der Teller verteilen, mit den Kalbsbriesnüßchen belegen, ringsum mit den gebackenen Chicoréespitzen bestreuen und sofort servieren.

# Eingelegte Gans auf Winterspargel an Orangensauce mit grünen Nüssen

Die eingemachte Gans im Fett erwärmen. Die Schwarzwurzeln schälen und in Milch, Wasser und Zitronensaft samt Salz und Pfeffer kochen, danach abschütten und in etwa 3 mm dicke Scheiben schneiden. In der Zwischenzeit den Blutorangensaft sirupartig eindicken. Die Sahne dazugeben und ebenfalls zur Creme einkochen. Mit Orangenschale würzen, die gut abgetropften und mit einem Tuch getrockneten Schwarzwurzeln in die Sauce geben und aufkochen lassen.

Das Gemüse auf Teller anrichten. Mit einer Papierserviette das Fett von den Gänsestücken abtupfen und das Fleisch auf das Gemüse anrichten. Mit grünen Nüssen und Orangenfilets ausgarnieren.

**Für 12 Personen**

Eingemachte Gans
(siehe Rezept «Konservierte Ente», Seite 17)
2 kg Winterspargel
(Schwarzwurzel)
$\frac{1}{2}$ l Milch
Wasser
2 Zitronen (Saft)
Salz und Pfeffer
abgeriebene Schale
von 2 Blutorangen
Saft von
6 Blutorangen
4 dl Sahne

**Garnitur**

3 Blutorangen
(filetiert)
1 Glas eingelegte grüne Nüsse (siehe «Sommer in der Küche»)

# Christmas Pudding (Englischer Weihnachtspudding)

**Für 12 Personen**
150 g frischer, zerkleinerter Rindertalg (vorher beim Metzger bestellen)
170 g Sultaninen
170 g Korinthen
170 g Rosinen
150 g Brösel von altbackenem Weißbrot
150 g brauner Zucker
30 g geschälte, grobgehackte Mandeln
30 g gemischte Sukkade (kandierte Schalen von Zitrusfrüchten), gehackt
125 g kandierte Kirschen, halbiert
1 Zitrone (Schale)
3 Eier
2 EL Whisky

Den Rindertalg vom Gewebe befreien und fein raspeln. Die Korinthen, Sultaninen und Rosinen in kaltem Wasser waschen, entstielen und gut abtropfen lassen. Auf ein Geschirrtuch geben und an einem warmen Ort trocknen lassen. Die Rosinen grob hacken. Eine 1½ l fassende Puddingform mit Pflanzenöl gut ausstreichen. Aus Pergamentpapier zwei Kreise in der Größe des Bodens und der oberen Öffnung der Form ausschneiden und mit Pflanzenöl bestreichen.

Alle trockenen Zutaten in eine große Rührschüssel geben und gut vermischen. Dann die verquirlten Eier und den Whisky hineinrühren. Pergamentpapier auf den Boden der Form legen und die Puddingmasse mit einem Löffel einfüllen. Mit dem zweiten Papier abdecken. Ein Stück Alufolie über die Form legen und am Rand mit Küchengarn festbinden.

Ein Gitter auf den Boden eines großen Topfes stellen. Dies verhindert, daß der Pudding mit der direkten Hitze in Kontakt kommt. Die Puddingform in den Topf stellen und den Topf bis auf halbe Höhe der Form mit Wasser auffüllen. Einen gut schließenden Deckel auf den Topf legen. Das Wasser zum Kochen bringen, dann die Temperatur zurückschalten. Den Pudding bei schwacher Hitze 9 Stunden garen lassen. Ab und zu das verdampfte Wasser ersetzen.

Den Pudding aus dem Wasserbad nehmen und die Form sorgfältig abwischen. Die Alufolie sowie das obere Pergamentpapier entfernen. Den Pudding mit einem neuen, mit Pflanzenöl bestrichenen Pergament abdecken. Alufolie über die Form legen und mit Küchengarn festbinden. Den Pudding in der Form an einem kühlen Ort lagern.

Der Pudding mundet am besten, wenn er schon einige Wochen im voraus zubereitet wurde. In England wird der Christmas Pudding meist schon im August gemacht.

Vor dem Servieren den Pudding nochmals 2 Stunden im warmen Wasserbad garen. Auf eine Platte stürzen, mit 2 EL erwärmtem Whisky begießen, anzünden und noch brennend servieren. Dazu reichen Sie frische Schlagsahne.

# Gefrorener Plumpudding

Die Mandel- und Aprikosenkerne mit einigen Tropfen Rosenwasser oder Zitronensaft im Mörser zu einer sehr glatten Paste verarbeiten. Rosinen, Korinthen, Zitronat und Orangeat vermengen und mit Mehl bestreuen. Die Milch mit der Vanille aufkochen und etwa 5 Minuten ziehen lassen. Danach durch ein Sieb gießen, mit 4,5 dl Sahne vermischen und Zucker und Muskat langsam unterrühren. Anschließend die Mandelpaste und den Likör dazugeben. In einer flachen Schale das Eigelb aufschlagen, bis es hellgelb und cremig ist, dann nach und nach unter die Sahnemasse rühren. Unter ständigem Rühren erhitzen und vor dem Kochen von der Kochstelle nehmen, da die Masse sonst gerinnen würde. Die bemehlten Trockenfrüchte unterrühren, abkühlen lassen. Die Marmelade und die Aprikosen hinzufügen. Die restliche Sahne schlagen und sorgfältig unter die erkaltete Masse ziehen. Das Ganze in eine 2 l fassende Eisbombenform füllen und 4 Stunden gefrieren lassen. Vor dem Genuß auf eine Glasplatte stürzen und mit Stechpalmenblättern ausgarnieren.

*Zu beachten:* Das Bemehlen der Trockenfrüchte verhindert, daß die Früchte auf den Boden der Form sinken.

**Für 10 Personen**

24 Mandelkerne, abgezogen
6 Aprikosenkerne, abgezogen (siehe «Sommer in der Küche») oder Bittermandeln
etwas Rosenwasser (siehe «Sommer in der Küche») oder Zitronensaft
120 g Rosinen
130 g Korinthen, gewaschen und getrocknet
90 g Zitronat und Orangeat, gehackt
30 g Mehl
¼ l Milch
1 Vanilleschote, längs aufgeschnitten und in 5 cm lange Stücke zerteilt
9 dl Sahne
250 g Zucker
1 TL geriebener Muskat
2 dl Maraschino
8 Eigelb
175 g Himbeermarmelade
10 eingemachte Aprikosen, in kleine Würfel geschnitten

Ein Rezept aus Schweden

## Weihnachtsbrot (Vörtlimpor)

**Ergibt 3 Brote von 25 cm Länge**
700 g Roggenmehl (Type 610)
350 g Weizenmehl (Type 405)
45 g frische Hefe oder 12 g Trockenhefe
8 EL Wasser
60 g Butter
3/4 l dunkles Starkbier
250 g dunkler Rohrzucker
1 TL Salz
250 g kandierte Orangenschalen, gehackt
2 EL gemahlener Fenchelsamen

**Zum Bestreichen**
2 EL dunkler Rohrzucker
2 EL lauwarmes Wasser

Die Hefe in 8 EL Wasser auflösen. Die Butter zerlassen, das Bier beigeben und erwärmen. Die Mischung in eine große Schüssel gießen, den Zucker und je die Hälfte des Roggen- und des Weizenmehls hinzufügen und gut verrühren. Aufgelöste Hefe, kandierte Orangenschalen, Gewürze, restliches Roggenmehl und weitere 50 g Weizenmehl dazugeben. Kräftig schlagen, bis der Teig glatt und fest ist. Den Teig mit einem Tuch bedecken und an einem warmen Ort gehen lassen, bis er fast das doppelte Volumen erreicht hat. Auf die mit Mehl bestreute Arbeitsfläche geben und mit dem restlichen Mehl und dem Salz verkneten, bis er fest und glänzend wird. Den Teig in 3 Stücke teilen und zu länglichen Broten formen. Die Brote auf bebutterte Backbleche legen, mit einem Tuch bedecken und etwa 30 Minuten an der Wärme gehen lassen. Danach mit einem Holzstäbchen ein paarmal einstechen und im vorgeheizten Backofen bei 180 Grad während 30 bis 40 Minuten goldbraun backen. Nach der halben Backzeit mit der Mischung aus Rohrzucker und Wasser bestreichen. Sobald die Brote fertig sind, nochmals mit Zuckersirup bestreichen und zum Abkühlen in Tücher wickeln, damit die Rinde weich bleibt.

## Christstollen

**Ergibt 2 Stollen**
125 g Milch
500 g Mehl
40 g Frischhefe
1 Eigelb
220 g Butter
100 g Zucker
5 g Salz
70 g Zitronat
80 g gehobelte Mandeln
200 g Rosinen
8 g Stollengewürz
2 Zitronen (abgeriebene Schale)
Butter zum Bestreichen
Zimtzucker
Puderzucker

Aus der erwärmten Milch (30 Grad), der Hefe und etwas Mehl einen dickflüssigen Teig zubereiten und etwa 15 Minuten an der Wärme zugedeckt reifen lassen. Anschließend mit den übrigen Zutaten (ohne Zitronat und Rosinen) zu einem nicht zu weichen Teig verarbeiten und an der Wärme ruhen lassen. Zitronat grob hacken. Die Früchte einarbeiten und den Teig in zwei Stücke auswiegen. Rechteckig ausrollen, mit flüssiger Butter bestreichen, mit Zimtzucker bestreuen und einmal der Länge nach überschlagen. Die untere Hälfte etwas vorstehen lassen, so daß die typische Stollenform entsteht. Im vorgeheizten Backofen bei 180 Grad etwa 60 Minuten backen, erkalten lassen und mit Puderzucker bestreuen.

# Weihnachtsbaumstamm mit Kastanien

Eigelb und Zucker schaumig rühren, bis die Mischung hellgelb ist. Nach und nach das Mehl in die Schüssel sieben. Den Eischnee und die zerlassene Butter daruntermengen. Pergamentpapier mit Butter bestreichen und ein Backblech damit auslegen.

Die Masse auf das vorbereitete Blech geben und gleichmäßig dick verstreichen. Im vorgeheizten Backofen bei 220 Grad etwa 10 Minuten backen, bis das Biskuit fest und goldgelb ist. Das Blech aus dem Backofen nehmen und das Biskuit auf eine Arbeitsfläche aus Chromstahl oder Marmor stürzen. Das Pergamentpapier sofort abziehen und das Biskuit mit einem Tuch bedecken, damit es nicht hart wird.

Für die Füllung die Butter mit dem Eigelb aufschlagen. Die Kastanienmasse und 100 g geschmolzene Couverture abwechslungsweise unter die Masse heben. 3/4 dieser Mischung auf das Biskuit streichen und dieses zu einem Baumstamm aufrollen. Die Roulade beidseitig schräg anschneiden und mit der restlichen Kastaniencreme überziehen. Die Anschnitte als Aststücke seitlich wieder ansetzen und ebenfalls mit der Creme überziehen. In diesen Überzug mit einer Gabel Rillen ziehen, um die Struktur der Baumrinde nachzuahmen. Auch in die Aststücke vom Stamm weg Rillen ziehen. Die restliche Couverture in eine Pergamenttüte einfüllen und auf die Schnittfläche an den Stamm- und Astenden Jahresringe aufspritzen. Kleine Tannenzweige auf den Stamm legen und alles mit Puderzucker überstreuen.

**Ergibt eine Roulade von 20 cm Länge**

4 Eigelb
90 g Zucker
90 g Mehl
3 Eiweiß, steif geschlagen
125 g Butter, zerlassen

**Kastanienfüllung**

800 g Kastanienpüree
100 g Butter
2 Eigelb
150 g zartbittere Schokoladencouverture, in 2 EL Wasser und 2 EL Kirschwasser geschmolzen

Puderzucker zum Bestäuben

## CHICORÉE (AUCH BRÜSSELER GENANNT)

*Dieses zartbittere Gemüse ändert seinen Charakter je nach Beilage. Ob mit Äpfeln, Birnen, Orangen, Zitronen oder Dörrfrüchten kombiniert – jedesmal entsteht ein neuer Geschmackseindruck.*

## In Zitrussaft gedünsteter Chicorée

Einen Schmortopf mit 20 g Butter einfetten. Den in kleine Streifen geschnittenen Speck einlegen und den Chicorée darauf setzen. Die restliche Butter in einer Pfanne zum Schäumen bringen und über den Chicorée geben. Mit Salz und Pfeffer würzen, Zitronen- und Orangensaft dazugeben und die Zitronenschale darüberreiben. Zugedeckt im vorgeheizten Backofen bei 180 Grad etwa 1 Stunde garen. Eventuell etwas Wasser beigeben.

Für 4 Personen
8 Chicoréeköpfe, geputzt, vom bitteren Strunk befreit und gewaschen
150 g Butter
Salz und Pfeffer
2 EL Zitronensaft
2 EL Orangensaft
2 Zitronen, abgerieben
125 g durchwachsener Speck

## Gebratener Chicorée, mit Haselnüssen paniert*

Die Chicoréeköpfe längs halbieren, gut ausdrücken, mit einem breiten Messer auf einem Brett gleichmäßig flachklopfen. Die Enden umschlagen, so daß etwa 5 bis 6 cm lange Päckchen entstehen. Diese im Ei wenden, abstreifen und in der Mischung aus Paniermehl und Haselnüssen panieren. In nicht zu heißem Öl beidseitig gut anbraten.

Dazu servieren Sie eine Quarksauce, für die Sie alle Zutaten vermischen und mit Salz und Pfeffer nach Belieben abschmecken.

Für 4 Personen
8 gedünstete Chicoréeköpfe (nach obigem Rezept)
2 Eier, verquirlt
80 g weißes Paniermehl
60 g geriebene Haselnüsse
1 dl Erdnußöl

Quarksauce
200 g Speisequark
1 Orange (Saft)
1 Zitrone (Schale)
½ Zitrone (Saft)
Salz und schwarzer Pfeffer

## Chicorée-Torte*

**Für 4 Personen**
3 bis 4 gedünstete Chicoréeköpfe (Rezept Seite 75), grob gehackt
125 g Blätterteig
2 Eier
60 g Roquefort-Käse, grob gehackt
1,5 dl Milch
1,5 dl Sahne
Salz und Pfeffer
etwas Muskatnuß

Eine flache Kuchenform von 15 cm Durchmesser mit dem Blätterteig auslegen (etwa ½ cm über den Rand der Backform hinaus). Den Chicorée darauf verteilen. Die restlichen Zutaten vermischen und über den Chicorée geben. Im vorgeheizten Backofen bei 180 Grad etwa 30 Minuten backen, bis der Guß fest geworden ist.

*Tip:* Diese Torte ist auch für Vegetarier zu empfehlen! In diesem Fall den Chicorée ohne Speck dünsten.

## Seeteufelragout mit Chicorée an Orangensauce

**Für 4 Personen**
600 g Seeteufelfilets, in etwa 1,5 cm große Würfel geschnitten
Salz und Pfeffer
40 g Butter
1,5 dl trockener Weißwein
1 Schuß Grand Marnier
3 dl frischgepreßter Orangensaft
2 dl Fischfond
2 kleine Chicoréeköpfe, geputzt, vom bitteren Strunk befreit und gewaschen, in 1 cm breite Streifen geschnitten
Salz
1 Prise Cayennepfeffer
2½ dl Sahne
2 EL feingehackte Petersilie
1 Orange, abgerieben und filetiert

Wein, Grand Marnier, Orangensaft und Fischfond um die Hälfte einkochen lassen, die Sahne beigeben und nochmals alles zu einer Creme einkochen. In einer Pfanne die Butter erhitzen, die Seeteufelwürfel mit Salz und Pfeffer würzen, kurz anbraten und die gut abgetropften Chicoréestreifen dazugeben. Alles aus der Pfanne nehmen, gut abtropfen lassen und mit der Orangensauce mischen. Mit Salz und Cayennepfeffer abschmecken. Anrichten und mit gehackter Petersilie und abgeriebener Orangenschale bestreuen. Mit Orangenfilets ausgarnieren.

## Chicorée mit Dörrfrüchten

Eine flache feuerfeste Form, in die der Chicorée gerade hineinpaßt, gut mit Butter einfetten. Die Gemüsescheiben hineingeben und ein mit Butter bestrichenes Pergamentpapier darüberlegen. Einen gut schließenden Deckel auflegen. Im vorgeheizten Backofen bei 150 Grad mindestens 2 Stunden garen. Bevor die Flüssigkeit verdunstet ist, die Dörrfrüchte darunterheben und mit Salz leicht würzen. Den Chicorée wie einen Pudding auf eine Platte stürzen. Das Gemüse sollte goldbraun sein.

*Tip:* Dazu empfehle ich Ihnen eingemachte Ente (Rezept siehe Seite 17), gepökeltes, gekochtes Rippchen oder gekochtes Rindfleisch.

Für 4 Personen
800 g Chicorée, geputzt, vom bitteren Strunk befreit und in 1 cm dicke Scheiben geschnitten
90 g Butter
etwas Salz
150 g Dörrfrüchte (Aprikosen, Datteln, Zwetschgen, Äpfel und Birnen) in Würfel geschnitten

## Gedünsteter Chicorée an Orangenbuttersauce mit Seezungenröllchen

Den Backofen auf 240 Grad vorheizen. Den Chicorée der Länge nach halbieren und die Strünke entfernen. Mit einem großen, scharfen Messer längs in feine Streifen schneiden. Die Blattspitzen nicht verwenden, sie werden beim Kochen zu bitter.

In einer großen Pfanne 3 EL Butter erhitzen. Darin den Chicorée unter häufigem Rühren bei mittlerer Temperatur 8 Minuten dünsten. Die Pfanne vom Herd nehmen und den Zitronensaft sowie 1 EL Orangensaft einrühren. Leicht salzen, dann warm stellen. Den restlichen Orangensaft mit 1 EL Wasser leicht sirupartig einkochen. Bei reduzierter Temperatur die Butter eßlöffelweise unterrühren. Den Topf vom Herd nehmen und die Sauce mit Salz und Pfeffer würzen.

Eine passende Kasserolle ausbuttern, mit den Schalotten bestreuen und die Seezungenröllchen satt hineinstellen. Mit Weißwein und Fischfond begießen (höchstens bis zur halben Höhe der Röllchen). Mit einem Butterpapier oder mit gebuttertem Pergament abdecken und im heißen Backofen etwa 6 Minuten ziehen lassen.

Den heißen Chicorée auf 4 vorgewärmte Teller verteilen. Die Seezungenröllchen darauf anrichten und mit der Orangenbuttersauce beträufeln. Zuletzt mit erwärmten Orangenfilets ausgarnieren.

Für 4 Personen
6 Chicoréeköpfe, geputzt und gewaschen
8 EL Butter
1 EL Zitronensaft
4 EL Blutorangensaft
2 Orangen (abgeriebene Schale)
etwas Salz
12 Seezungenröllchen (Filets zu etwa 40 g), mit Salz, Pfeffer, Zitronensaft und Zitronenschale gewürzt und eingerollt)
1 EL Butter zum Ausstreichen der Pfanne
1 Schalotte, fein gehackt
½ dl trockener Weißwein
1 dl Fischfond
12 Orangenfilets

# EIN HONIGSCHLECKEN

*Streichen Sie Ihren Lieben mal tüchtig Honig um den Bart! Honig ist nicht nur der köstlichste Süßmacher – er gilt auch als wertvollstes Nahrungsmittel!*

## Honigkuchen mit Datteln und Nüssen

**Ergibt 9 Kuchen**

**Hefeteig**
250 g Hartweizenmehl
8 g frische Hefe oder
1 TL Trockenhefe
120 g lauwarme Milch,
10 g Zucker
½ TL Salz
25 g Butter
½ Ei, verquirlt

**Belag**
2 EL Honig
100 g entsteinte Datteln, gehackt
25 g Walnüsse, gehackt
1 TL abgeriebene Zitronenschale

**Zum Bestreichen**
15 g zerlassene Butter
2 EL klarer Honig

Für den Vorteig 50 g Mehl mit dem Zucker, der Hefe und der Milch in einer großen Schüssel verrühren, zudecken und etwa 20 Minuten an einem warmen Platz stehenlassen, bis der Vorteig treibt und Blasen wirft. Die restlichen 200 g Mehl mit dem Salz vermischen und mit der Butter verreiben, dann zusammen mit dem Ei zum Hefevorteig geben und gut durcharbeiten. Falls der Teig noch klebt, etwas mehr Mehl dazugeben.

Den Teig auf die mit Mehl bestäubte Arbeitsfläche geben und so lange kneten, bis er glatt ist, dann zu einer Kugel formen, in einen mit Öl ausgestrichenen Plastikbeutel legen und gehen lassen, bis er sein Volumen verdoppelt hat. Den Teig auf die mit Mehl bestreute Arbeitsfläche geben und etwa 2 Minuten durchkneten, bis er fest ist. Zu einem Rechteck von 30 × 20 cm ausrollen. Die Oberfläche mit zerlassener Butter bestreichen. Die Datteln, Walnüsse, den Honig und die abgeriebene Zitronenschale in einer kleinen Kasserolle langsam erhitzen, bis sich alle Zutaten gut vermischt haben. Die Honigmischung auf dem Teig verteilen. Diesen von der Breitseite her aufrollen. Die 30 cm lange Rolle mit einem scharfen Messer in neun gleich große Stücke schneiden. Die Stücke mit der Schnittfläche nach unten auf ein mit Butter bestrichenes Backblech legen. Die Kuchen mit einem Küchentuch abdecken und an der Wärme etwa 30 Minuten gehen lassen.

Im vorgeheizten Backofen bei 190 Grad etwa 20 bis 25 Minuten backen. Die heißen Kuchen sofort auf ein Kuchengitter legen und die Oberfläche mit klarem Honig bestreichen (den Backpinsel vorher anfeuchten).

Ein Rezept, welches schon von der Urgroßmutter der Großmutter überliefert wurde. Ein kleines Likörgläschen Honigwein vor dem Essen beugt Erkältungen vor.

## Honigwein

1 l kräftiger Rot- oder Weißwein
1 Prise Lebkuchengewürz
400 g echter Bienenhonig

Wein und Honig mit dem Lebkuchengewürz gut vermischen. In Flaschen abfüllen und in kleinen Dosen wie oben erwähnt einnehmen.

## Honigküsse

Ergibt etwa 36 Kekse
3 EL Honig
½ TL Nelkenpulver
½ TL Zimtpulver
300 g Vollkornmehl
100 g Puderzucker
20 g Butter, in Würfel geschnitten
1 Ei
1 EL Natron
3 EL Wasser

Den Honig mit dem Nelken- und dem Zimtpulver in einen Topf geben und bei schwacher Hitze braun werden lassen. Das Mehl auf ein Backbrett sieben, davon ein wenig zum Ausrollen des Teiges zurückbehalten. Puderzucker und Butter zum Mehl geben und alles mit den Händen fein zerreiben. Die Honigmischung und das Ei hinzufügen. Das Natron mit dem Wasser auflösen und dazugeben. Einen glatten Teig kneten. Den Teig halbieren und jede Hälfte etwa 4 mm dick ausrollen. Kleine, runde Kekse ausstechen. Mit genügend Abstand auf ein gefettetes Backblech verteilen. Im vorgeheizten Backofen bei 200 Grad etwa 12 Minuten backen.

## Honigleckerli

2 EL Honig
125 g ungeschälte, gemahlene Mandeln
125 g gemahlene Haselnüsse
275 g Zucker
60 g Orangeat und Zitronat, gehackt
2 Eiweiß

Glasur
4 EL Puderzucker
½ Eiweiß, leicht aufgeschlagen, oder 1 EL Zitronensaft

Alle Zutaten miteinander vermischen (das Eiweiß zuletzt beigeben). Die Masse kneten, bis sie sich ausrollen läßt. Dann 30 Minuten an der Kühle stehenlassen. Ein Backbrett mit viel Puderzucker bestreuen und die Masse darauf etwa 5 mm dick ausrollen. In rautenförmige Stücke schneiden und auf ein gebuttertes, mit Mehl bestäubtes Backblech legen. Die Honigleckerli im vorgeheizten Backofen bei 170 Grad 25 Minuten backen. Die Zutaten für die Glasur gut verrühren. Die Leckerli noch warm mit der Glasur bepinseln. Vor dem Genuß einige Tage in einer Keksdose trocken aufbewahren.

Diese leckeren Kekse sind nicht süß

## Honig-Crackers

250 g Vollkornmehl
½ TL Salz
½ TL Piment
⅔ TL Natron
2 EL Honig
1 TL abgeriebene Zitronenschale
1 TL Zitronensaft
2 Eier

Alle trockenen Zutaten gut vermischen. Den leicht erwärmten Honig mit dem Zitronensaft und der Zitronenschale dazugeben, ebenso die Eier, und alles zusammen kräftig verarbeiten. Den Teig dünn ausrollen. Ovale Scheiben ausstechen. Auf ein mit Fett bestrichenes Backblech legen und im vorgeheizten Backofen bei 180 Grad 15 Minuten ausbacken.

*Tip:* Wünschen Sie diese Crackers süß, dann bestreichen Sie sie noch warm mit einer Glasur aus 1 EL Zitronensaft und 120 g Puderzucker.

Ein typisch ländliches Rezept

## Hafer-Honig-Kekse

Die beiden Mehlsorten, Zucker, Backpulver und Salz in eine Schüssel geben und alles gut vermischen. In die Mitte eine Mulde drücken und Eier und Honig hineingeben. Alle Zutaten verrühren und zu einem glatten Teig kneten. Ein Backblech mit Butter bestreichen und mit Mehl bestäuben. Mit einem Löffel walnußgroße Teighäufchen mit genügend Abstand auf das Blech setzen. Im vorgeheizten Backofen bei 180 Grad etwa 20 Minuten backen.

240 g feines Hafermehl
120 g Weizenvollkornschrot
50 g Zucker
2 TL Backpulver
1 Prise Salz
2 Eier, verquirlt
180 g flüssiger Honig

## Honigtaler

Den Honig leicht erhitzen und die Butter darin schmelzen. Den Topf von der Kochstelle nehmen. Wenn die Mischung lauwarm ist, das Ei, zwei Eigelb, den Zucker und das Mehl mit dem Natron, der Zitronenschale und dem Zimt darunterrühren und den Teig bearbeiten, bis er glatt ist. Danach eine halbe Stunde ruhen lassen.

Den Teig etwa 8 mm dick ausrollen und talergroße Plätzchen ausstechen. Diese auf ein gefettetes Backblech legen. Das verbliebene Eigelb mit dem Sauerrahm verquirlen, die Honigtaler damit bestreichen und mit je einer halben Mandel ausgarnieren. Im vorgeheizten Backofen bei 190 Grad etwa 7 bis 8 Minuten backen.

*Tip:* Die Honigtaler, eine typische Weihnachts- und Neujahrsspezialität, können auch mit kandierten Kirschen garniert werden.

Ergibt etwa 30 Stück
250 g Honig
90 g Butter
1 Ei
3 Eigelb
90 g Zucker
500 g Mehl
1 TL Natron
½ abgeriebene Zitronenschale
gemahlener Zimt
1 EL Sauerrahm
Mandeln, abgezogen und halbiert

## Honigeis

Milch und Honig zum Kochen bringen. Eigelb und Zucker schaumig aufschlagen. Ein wenig kochende Honigmilch unter die Eimasse mengen. Alles zurück in die Pfanne geben, gut unterrühren und langsam auf 85 Grad erhitzen. Unter stetem Rühren mit einer Holzkelle sofort in eine kalte Schüssel gießen. Nach dem Erkalten in die Eismaschine geben. Wenn die Masse zu gefrieren beginnt, die halbgeschlagene Sahne darunterziehen und weitergefrieren.

1 l Milch
200 g flüssiger, sehr aromatischer Waldhonig
280 g Zucker
12 Eigelb
½ l Sahne

## *PUNSCH*

*An kalten Wintertagen ist heißer Punsch ein ideales, anregendes Getränk für eine gesellige Runde.*

Altenglische Weihnachtsbowle, welche am Abend des 24. Dezember bei Kerzenlicht und Weihnachtsliedern serviert wird. Heute noch ist dieses Weihnachtsgetränk auf dem Lande und in traditionsbewußten Familien sehr beliebt.

## Wassail-Bowle

Wasser mit den Gewürzen aufkochen, noch heiß durch ein Tuch gießen. Den Wein hinzufügen und unter ständigem Rühren vorsichtig erhitzen. Nicht kochen! Nach Geschmack süßen. Eigelb schaumig schlagen und zusammen mit dem steif geschlagenen Eischnee in das Bowlengefäß geben. Nach und nach das erhitzte Getränk unterrühren und schaumig schlagen.

In der Zwischenzeit die ausgestochenen Äpfel bei 220 Grad etwa 30 Minuten schmoren lassen. Die Bratäpfel in Spalten schneiden und zusammen mit der Bowle in Schalen servieren.

*Tip:* Statt Weißwein können Sie für die Wassail-Bowle auch Portwein, Madeira oder Sherry verwenden.

1 kleine Muskatnuß
2 Nelken
2 g Ingwerpulver
½ Zimtstange
5 Korianderkörner
5 Kardamomkörner
1 Blättchen Muskatblüte
700 g Zucker
½ l Wasser
12 Eier
4 Flaschen Weißwein zu 7,5 dl
2 Äpfel

## Schneepflügerpunsch

Zucker und Wasser durch Aufkochen läutern, dann auskühlen lassen. Die gut abgeriebene Schale einer Orange und einer Zitrone und den Saft der Zitronen und Orangen dazugeben, ebenso die Zimtstange, den Wein und den Arrak. Vorsichtig bis kurz vor den Siedepunkt erhitzen. In die vorgewärmte Bowlenschüssel geben und sofort heiß servieren.

1,5 kg brauner Kandiszucker
1 l Wasser
2 Zitronen
4 Orangen
1 Zimstange
3 Flaschen trockener Weißwein zu 7,5 dl
1 Flasche Arrak

## Schwarzwälder Punsch

Zitronenscheiben, Nelken, Zimt, Zucker und Traubensaft aufkochen und 10 Minuten ziehen lassen. Wein und Arrak dazugießen, unter Rühren erhitzen, bis sich weißer Schaum bildet. Vom Feuer nehmen, das Kirschwasser hinzufügen und heiß servieren.

4 Zitronenscheiben
8 Nelken
½ Zimtstange
110 g Zucker
¼ l weißer Traubensaft
1 dl Kirschwasser
2 dl Arrak (Reisbranntwein)
2 Flaschen Weißwein

## Whiskypunsch

2 Zitronen
200 g Zucker
$^3/_4$ l Wasser
$^1/_2$ l Whisky

Den Zucker mit dem kochenden Wasser übergießen und so lange umrühren, bis sich der Zucker aufgelöst hat. Die abgeriebene Schale und den Saft der Zitronen dazugeben und alles 10 Minuten an der Wärme ziehen lassen. Kurz vor dem Servieren aufkochen, den Whisky beigeben und sofort auftragen.

## Damenkränzchenpunsch

10 g russischer Rauchtee
$^1/_4$ l Wasser
3 Zitronen
2 Orangen
1 Vanillestange
250 bis 300 g Zucker
$1^1/_2$ l kräftiger Rotwein

Die längs halbierte Vanillestange und den Tee mit dem kochenden Wasser überbrühen, etwa 5 Minuten ziehen lassen. Abgießen und mit dem Zitronen- und Orangensaft sowie dem Zucker vermischen. Unter ständigem Rühren langsam erhitzen. Nicht kochen! Den Rotwein dazugeben und noch 5 Minuten knapp vor dem Siedepunkt halten. Heiß servieren.

## Rumpunsch

6 Orangen
2 Zitronen
1 Vanillestange
1 Zimstange
10 Nelken
5 TL englischer Schwarztee
375 g Zucker
4 dl Wasser
1 Flasche Rum

Die Schale von zwei Orangen und einer Zitrone, den Zucker, die Nelken, den Zimt und die aufgeschnittene Vanillestange im Wasser 5 Minuten köcheln lassen. Den Tee sowie den Saft der Orangen und der Zitronen dazugeben. Aufkochen und 5 Minuten zugedeckt ziehen lassen. Durchseihen und mit dem Rum vermischen. Vorsichtig vor den Siedepunkt bringen, nicht kochen! In eine Flasche abfüllen und gut verschlossen aufbewahren. Bei Bedarf gibt man die gewünschte Menge Extrakt in ein Punschglas und füllt mit kochendem Wasser auf.

## Kaffeepunsch

$^1/_2$ l starker Kaffee
$^1/_2$ l Portwein
$^1/_2$ l Rum
300 g weißer Kandiszucker (je nach Geschmack auch mehr)

Alle Zutaten unter ständigem Rühren vorsichtig erhitzen. Nicht kochen! Sofort heiß servieren.

## Eierpunsch

Eier, Eigelb und Zucker im Wasserbad schlagen, bis eine weiße, schaumige Creme entsteht. Wein, Wasser, Orangen- und Zitronensaft, Arrak und Vanillezucker mischen und auf den Siedepunkt bringen. Dann langsam unter die Eiercreme im Wasserbad mischen, dabei ständig weiterrühren. Durchseihen und heiß servieren.

6 Eier
10 Eigelb
2 Orangen (Saft)
2 Zitronen (Saft)
600 g Zucker
1 Päckchen Vanillezucker
½ Flasche Arrak
1 l Wasser
1 Flasche trockener Weißwein zu 7,5 dl

## Bierpunsch

Das Bier mit dem Zucker, dem Zimt und der sehr dünn abgeschälten Zitronenschale aufkochen. Sahne, Rum und Eigelb tüchtig aufschlagen und unter ständigem Rühren in das fast köchelnde Bier geben. Sehr schaumig schlagen und sofort heiß servieren!

1 Zitrone (Schale)
½ Zimtstange
125 g Zucker
3 Eigelb
¼ l Sahne
¼ l Rum
1 l helles Starkbier

## Diskussionspunsch

Die Teeblätter mit ½ l kochendem Wasser überbrühen und 5 Minuten ziehen lassen, danach abgießen. Den Zucker in ½ l Wasser läutern, die aufgeschnittene Vanillestange und die Orangenblüten beifügen und ziehen lassen, bis der Läuterzucker abgekühlt ist. Durchseihen und mit dem Tee vermischen. Orangensaft, Maraschino oder Kirschwasser, Weißwein, Rotwein, Madeira und Arrak dazugeben und alles langsam erhitzen. Nicht kochen! Heiß servieren.

1 Zitrone
6 Orangen
1 Vanillestengel
15 g getrocknete Orangenblüten
15 g Rauchtee
1 l Wasser
1 kg Zucker
2 dl Maraschino oder Kirsch
2 Flaschen trockener Weißwein zu 7,5 dl
2 Flaschen kräftiger Rotwein zu 7,5 dl
3 dl Madeira
1 Flasche Arrak

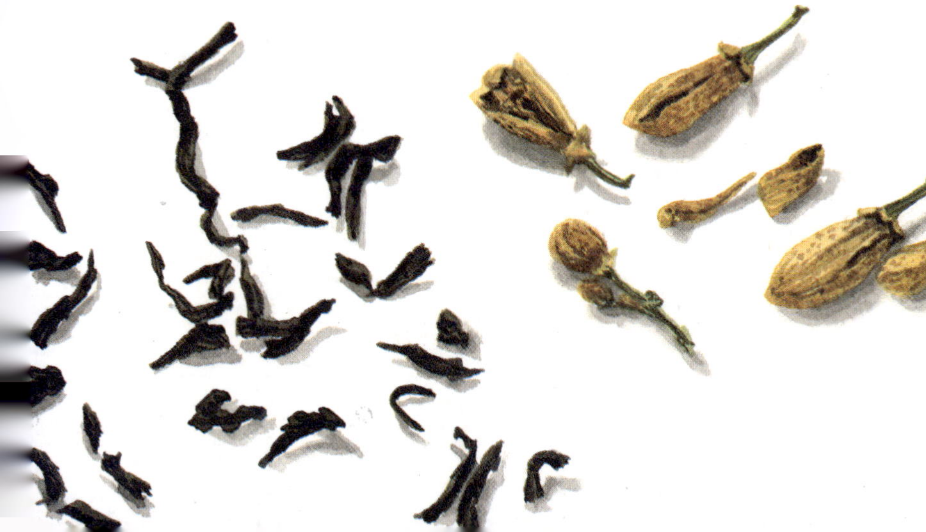

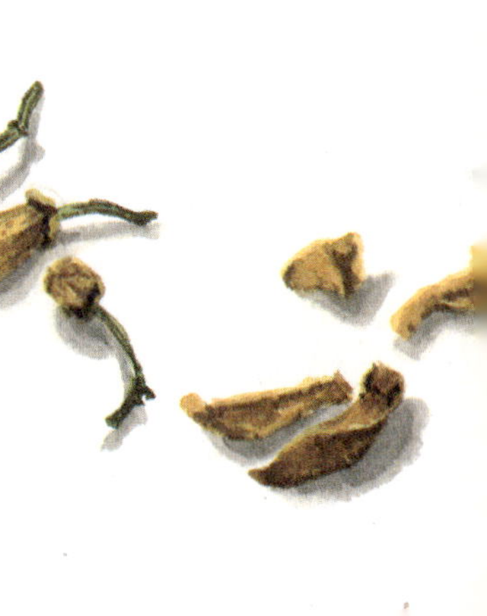

# SCHNAPSIDEEN – GESCHENKIDEEN

*In Europa verhalfen die Mönche dem Alkohol zu seiner Entstehung. Der Franziskaner Ramón Llull kam 1283 an die Universität von Montpellier. Hier traf er den großen Alchimisten und Arzt Arnaud de Villeneuve. Gemeinsam versuchten sie, zu den vier Elementen ein fünftes zu schaffen. Aus der Vereinigung von Feuer und Wasser (Wein) erhielten sie Aqua ardens, gebranntes Wasser. Sie sahen darin die Grundlage für den «Stein der Weisen». Der Alkohol trat seinen Siegeszug als Medizin an. Paracelsus, der große Arzt des Mittelalters, gab dem gebrannten Wasser seinen für die Wissenschaft eindeutig arabischen Namen: Alkohol.*
*Liköre, mit wärmenden typischen Wintergewürzen angesetzt, verkürzen lange Winterabende und regen die Verdauungssäfte an. Die Gewürzmischungen können selbst hergestellt oder fixfertig in der Apotheke bestellt werden.*

## Kümmellikör

Alle Zutaten in ein Glas geben. Gut verschließen und 10 bis 12 Tage an die Sonne stellen. Anschließend durch einen Kaffeefilter abseihen und in Flaschen abfüllen.

*Tip:* Kümmellikör empfiehlt sich nach einem üppigen Essen!

70 g Kümmelsamen
100 g Zucker
1 l Obstbranntwein

## Lebkuchenlikör

Alle Zutaten miteinander mischen, in eine passende Flasche geben und etwa 14 Tage ziehen lassen. Jeden zweiten Tag kräftig schütteln. Dann durch ein Filterpapier abseihen. In die Flasche zurückgeben und gut verschließen. Kühl aufbewahren und kühl servieren.

3 TL Lebkuchengewürz
1 Orange und
1 Zitrone, Schale fein abgeschält
180 g Kandiszucker
7 dl Birnentrester oder Obstler

## Kräuterlikör nach Apothekerart

Die Kräuter und Gewürze mit dem Alkohol und dem Zucker vermengen. Gut rühren, bis sich der Zucker aufgelöst hat. Das Gemisch in eine große Flasche gießen und diese 14 Tage an die Sonne stellen. Anschließend durch ein Tuch oder einen Kaffeefilter abseihen und in Flaschen abfüllen.

Ergibt 4½ l
2 g Angelikawurzel
1 g Koriander
1 g Kardamom
1 g Oregano
1 g Quendel
2 g Piment
2 g Ingwer
2 g Ackerminze
2 g Kamille
2 g Pfefferminze
3 g Fliederblüten
5 g Orangenschale,
3 g Zitronenschale, beides fein abgerieben
2 g Wacholderbeeren
2 g Kümmelsamen
15 g Anissamen
1 l Alkohol, mit destilliertem Wasser auf 45 Vol.-% verdünnt
1,3 kg Zucker

## Vanillelikör

5 Vanilleschoten
150 g weißer Kandiszucker
7 dl Birnentrester oder Obstler

Die Vanilleschoten mit einem scharfen Messer der Länge nach aufschlitzen. Kandiszucker im Birnentrester oder im Obstler auflösen. Alles zusammen in eine passende Flasche geben und etwa 14 Tage ziehen lassen. Jeden zweiten Tag kräftig schütteln. Den fertigen Likör durch ein Sieb gießen, in die Flasche zurückgeben und gut verschließen. Kühl servieren.

## Winterkräuterlikör

1 TL Fenchelsamen
1 TL Anissamen
1 TL Wacholderbeeren
1 TL Koriander
5 Gewürznelken
1 Zimtstange
½ TL Kümmel
180 g Kandiszucker
7 dl Kornbranntwein (38 bis 40 Vol.-%)

Alle Zutaten in eine passende Flasche einfüllen. Gut verschließen und etwa 7 Wochen an die Sonne stellen. Während dieser Zeit öfters schütteln. Durch Filterpapier abseihen, zurück in die Flasche geben und wieder verschließen. Kühl servieren.

## Lebenswasser

3,5 g Zimtstange
2,1 g Ingwerpulver
1,1 g Galantwurzel
1,1 g Nelken
0,4 g Pfefferschoten
0,4 g Muskat
0,2 g Safran
53 g Zucker
1 l Obstbranntwein (41 Vol.-%)

Alle Zutaten 24 Stunden ziehen lassen. Dann filtrieren und auf Flaschen abfüllen. An der Kühle ruhen lassen. Nach 3 Wochen ist das Lebenswasser trinkbereit.

Ein Rezept aus Großmutters Zeiten

## Zitronen-Eier-Likör

6 sehr frische Eier
8 bis 10 Zitronen
250 g Zucker
1 Vanilleschote, längs halbiert
3,5 dl Rum (54 Vol.-%)

Die Eier sauber abspülen und reinigen. Mit der Schale vorsichtig und platzsparend in ein hohes Gefäß geben. Die Zitronen gut auspressen. So viel Saft über die Eier gießen, daß sie bedeckt sind. 8 bis 10 Tage stehenlassen und zwischendurch umrühren, bis sich die Eierschalen aufgelöst haben. Dann alles in ein Sieb geben und abseihen.

Das Ei-Zitronen-Gemisch mit dem Rum und dem Zucker verrühren, bis sich der Zucker vollständig aufgelöst hat und eine homogene Creme entstanden ist. Mit einem Messerrücken das Vanillemark aus den Schoten kratzen und ebenfalls gut unter die cremige Masse mischen. Nach Belieben noch etwas Zucker beigeben. Den so gewonnenen Eierlikör gut verschließen und kühl aufbewahren.

Dieses alte Hauselixir, welches früher so manches Gebrechen linderte, hilft auch heute noch: Es spendet Kraft und schützt gegen Erkältungen.

## Orangenlikör

½ l frisch gepreßter Orangensaft
30 g gelbe Orangenschalen, hauchdünn (ohne weiße Haut) abgeschält
125 g weißer Kandiszucker
1 Vanilleschote, längs halbiert
7 dl Obstbranntwein (41 Vol.-%)
2 dl weißer Wermut

Orangensaft und Orangenschale mit Zucker, Vanilleschote, Obstbranntwein und weißem Wermut mischen. In ein Glas von etwa 1½ l Inhalt abfüllen und gut veschlossen an einen sonnigen Platz stellen. Jeden Tag ein- bis zweimal gut schütteln und nach 14 Tagen durch einen Papierfilter seihen. In gut verschlossenen Flaschen an der Kühle lagern. Kühl servieren.

# *FRÜCHTE UND BEEREN, IN LIKÖRE UND GEBRANNTE WASSER EINGELEGT – DAS BESCHWINGTE FINALE LUKULLISCHER GENÜSSE*

*Der Brauch, Früchte in Alkohol einzulegen, ist fast so alt wie die Alkoholherstellung selbst. Diese Art der Konservierung bereichert auch die moderne Küche. Von Vorteil ist dabei, daß sich der Alkoholgehalt bis zum Verzehr der Früchte reduziert.*

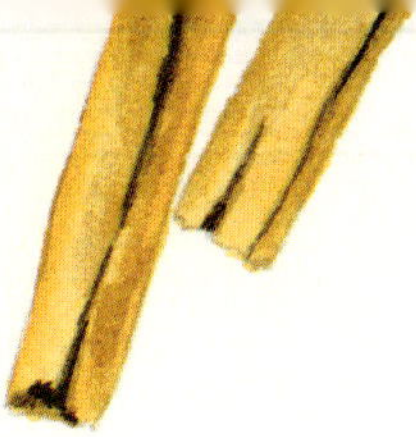



## Eingelegte Datteln

Die Datteln mit oder ohne Kern in die Gläser schichten. Gewürze, Orangen- und Zitronenschalen gleichmäßig darüber verteilen. Rum und Puderzucker vermischen, die Gläser damit auffüllen, verschließen und gut durchschütteln. Vor dem Verzehr mindestens 2 bis 3 Wochen kühl aufbewahren. Eingelegte Datteln schmecken ausgezeichnet zu Kaffee und Tee.

*Tip:* In hübsche Gläser eingeschichtet, mit einem originellen Etikett versehen und mit einem schönen Band dekoriert – ein sehr persönliches Weihnachtsgeschenk!

**Ergibt 2 Gläser von ½ l Inhalt**
250 g Datteln
½ Zimtstange
1 Prise Kardamom
1 Stück Orangenschale
1 Stück Zitronenschale
50 g Puderzucker
2,5 dl weißer Rum

## Feigen in Cognac

Die Feigen in etwa 1 cm große Würfel schneiden und mit den Gewürzen locker in ein Glas füllen. Die Schalen der Zitrusfrüchte kurz in kochendem Wasser brühen. Gut trocknen und abkühlen lassen, dann zu den Feigen geben. Den Cognac mit dem Puderzucker mischen. Das Glas damit auffüllen und verschließen. Schon nach 6 Tagen kann man die Feigen, auf kleine Spießchen aufgesteckt, zum Kaffee oder Tee genießen – eine Delikatesse!

250 g getrocknete Feigen
4 Gewürznelken
½ Zimtstange
½ Vanilleschote, längs halbiert
½ Orange, Schale dünn abgeschält
½ Zitrone, Schale dünn abgeschält
3 dl Cognac
50 g Puderzucker

Diese Art von Rumtopf kann ich Ihnen bestens empfehlen. Die Beeren sind nicht zu stark alkoholhaltig, und jede einzelne Sorte behält ihren Eigengeschmack und ihre Form. Die Beeren sollten allerdings einzeln tiefgefroren werden.

## Rumtopf mit Beeren

Die einzeln tiefgefrorenen Beeren miteinander vermischen und in einen passenden Topf geben. Den erkalteten Läuterzucker mit dem Rum mischen und zu den Beeren gießen. Im Kühlschrank etwa 3 bis 5 Tage ziehen lassen, wobei die Beeren langsam auftauen und sich mit Marinade vollsaugen.

In Ballon- oder Cocktailgläsern servieren, dazu halbgeschlagene Sahne oder Trüffeleis (Rezept siehe Seite 138).

*Tip:* Statt in Rum können die Früchte auch in Kirsch, Cognac, Weinbrand oder Wodka eingelegt werden.

**Für 4 Personen**
Tiefgefrorene Früchte:
100 g kleine bis mittelgroße Erdbeeren
100 g Himbeeren
120 g Johannisbeeren
150 g Heidelbeeren
100 g Brombeeren
Läuterzucker (0,8 kg Zucker mit 6 dl Wasser aufkochen)
2 dl Rum (54 Vol.-%)

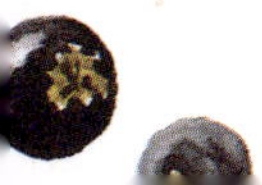

# SILVESTER

*Silvester ist der Tag der Gemeinschaft, des Zusammenseins und des Feierns. Wer an Silvester nicht großzügig ist, war es wahrscheinlich das ganze Jahr über nie. Der Silvesterabend wurde und wird sehr individuell gefeiert. Die einen tun dies mit einem großen Buffet, andere mit einem Schinken oder mit einem Galamenü. Die Angebote sind vielfältig, was aber nicht fehlen darf, ist ein Glas Champagner oder Sekt zum Anstoßen, wenn es um Mitternacht heißt: «Prosit Neujahr».*

# Das Galamenü zu Silvester

Mousse von Brokkoli und Gänseleber

***

Malfatti, gefüllt mit Spinat, Ricotta und Bärlauchpaste

***

In Rotwein geschmorter Kabeljau mit Lebkuchenbröseln

***

Kalbsfiletmedaillon an Nougatsauce
auf Chicorée

***

Aprikosen-Chablis-Eisbombe

## Mousse von Brokkoli und Gänseleber

**Für etwa 10 Personen**
100 g Gänsestopfleber
2 g Pastetengewürz
100 g gekochte Brokkoliröschen
1 EL Armagnac
2 EL Portwein
10 g Butter
80 g gelierender Geflügelfond
4 Blatt Gelatine
4 EL Kraftbrühe
130 g geschlagene Sahne
Salz, Pfeffer und Muskat
Muskatellergelee (Muskatellerwein mit Geleepulver gekocht)
6 Trüffelscheiben

**Hagebutten-sauce**
2 dl Hagebutten-marmelade (siehe «Sommer in der Küche»)
Cayennepfeffer und Salz

Die enthäutete, geputzte Gänseleber in grobe Stücke schneiden, mit Pastetengewürz würzen und mit Armagnac und Portwein übergießen. Mindestens 2 bis 3 Stunden im Kühlschrank marinieren. Die Leber trockentupfen und in der Butter kurz und scharf rosa braten. Auf Küchenpapier abtropfen lassen. Den Geflügelfond mit der Marinade dickflüssig einkochen und über die Leber passieren. Die Gänseleberstücke durch ein feines Sieb streichen. 2 eingeweichte Gelatineblätter in 2 EL erhitzter Kraftbrühe auflösen. Mit einem Schneebesen gut durchrühren. Mit Salz, Pfeffer und Muskat würzen und die Hälfte der geschlagenen Sahne darunterziehen.

Den gut abgetropften Brokkoli pürieren, würzen und durch ein feines Sieb streichen. 2 eingeweichte Gelatineblätter in 2 EL heißer Kraftbrühe auflösen. Mit einem Schneebesen alles vermengen, die zweite Hälfte der Schlagsahne darunterheben und würzen.

Den Boden einer passenden kleinen Terrinenform mit Muskatellergelee ausgießen und mit Trüffelscheiben belegen. Zuerst die Brokkolimousse und anschließend die Gänselebermousse einfüllen. Zuletzt mit einer Schicht Muskatellergelee zugießen und etwa 5 bis 6 Stunden gut durchkühlen lassen. Vor dem Servieren in Scheiben schneiden und gefällig auf Teller anrichten.

Dazu servieren Sie eine Hagebuttensauce: Hagebuttenmarmelade mit Cayennepfeffer und etwas Salz abschmecken.

*Tip:* Anstelle von Gänsestopfleber kann auch Kalbsleber verwendet werden (ebenfalls kurz und scharf anbraten).

## Malfatti, gefüllt mit Spinat, Ricotta und Bärlauchpaste*

**Ergibt 10 Stück**
30 g Roggenmehl
1 EL Olivenöl
½ TL Salz
2 Eier
etwas lauwarmes Wasser

**Füllung**
100 g blanchierter, grobgehackter Spinat
100 g Ricotta
100 g geriebener Parmesankäse
Salz, Pfeffer, Muskat
2 TL Bärlauchpaste (siehe «Frühling in der Küche»)
oder 2 gehackte Knoblauchzehen
1 Ei
80 g Butter

Alle Zutaten mischen und zu einem glatten Nudelteig verarbeiten. In Klarsichtfolie einpacken und 2 bis 3 Stunden im Kühlschrank ruhen lassen.

Den Spinat gut ausdrücken, die Ricotta durch ein feines Sieb streichen, mit dem Spinat, 60 g Parmesan sowie Muskat und Bärlauchpaste mischen und vorsichtig salzen (in der Bärlauchpaste ist schon Salz enthalten!).

Den Nudelteig dünn ausrollen und 20 runde Plätzchen von 10 cm Durchmesser ausstechen. Die Spinat-Käse-Füllung in die Mitte von 10 Plätzchen verteilen. Den Rand mit dem verquirlten Ei bestreichen, mit einem zweiten Teigplätzchen abdecken und die Ränder gut andrücken. Die Malfatti in ein Sieb legen und etwa 3 bis 4 Minuten im Dampf garen. Anrichten, mit Parmesankäse bestreuen und mit brauner Butter beträufeln.

## In Rotwein geschmorter Kabeljau mit Lebkuchenbröseln

**Für 8 bis 10 Personen**
1 Schwanzstück vom Kabeljau (etwa 1,2 kg)
2 TL süßer Tafelsenf, mild
Salz, Pfeffer aus der Mühle
1 Thymianzweiglein
80 g Butter
1 dl kräftiger Fischfond
2 dl kräftiger Rotwein
½ Zitrone (Saft)
40 g Lebkuchenbrösel (oder Semmelbrösel, mit Lebkuchengewürz vermischt)
1 Petersilienstengel
2 dl Sahne
2 Eigelb

Den Fisch gut von den Schuppen befreien, abspülen und mit Küchenpapier trockentupfen. Auf beiden Seiten mehrmals einschneiden und mit Senf bestreichen. 20 g Butter in eine Auflaufform geben und erhitzen. Den Fisch sanft anbraten. Mit Fischfond, Rotwein und Zitronensaft übergießen. Das Thymianzweiglein dazugeben und die Lebkuchenbrösel darüberstreuen. Die restliche Butter in Flocken darüber verteilen und den Petersilienstengel beigeben. Mit Alufolie abdecken und im vorgeheizten Backofen bei 180 Grad etwa 25 Minuten garen. Nach der halben Garzeit die Folie entfernen. Den Garfond in eine Pfanne gießen und reduzieren. Sahne und Eigelb vermischen und den Fond abbinden (nicht mehr kochen lassen).

In jeden Teller etwas Sauce geben und den Kabeljau mit den Lebkuchenbröseln darauf anrichten.

# Kalbsfiletmedaillon an Nougatsauce auf Chicorée

**Für 10 Personen**
10 Kalbsfilet-medaillons zu 70 g
Öl zum Anbraten
30 g Haselnüsse, 30 g Mandeln, beides geschält, geröstet und grob gehackt
20 g Pistazien, geschält, grob gehackt
je 15 g Zitronat und Orangeat, grob geschnitten
1 EL Löwenzahn-blütenmelasse (siehe «Frühling in der Küche») oder Honig
½ Zitrone (Saft)
20 g Datteln, entsteint und grob geschnitten
10 g Sultaninen, eingeweicht und gehackt
1 Schuß Nußschnaps
½ dl kräftiger Bratenjus
4 dl Sahne
Salz und Pfeffer
1 Msp Cayennepfeffer

Die Kalbsfiletmedaillons mit Salz und Pfeffer würzen und im nicht zu heißen Öl rosa braten. Aus der Pfanne nehmen und kurze Zeit in einem großen warmen Teller abstehen lassen.

In der Zwischenzeit alle übrigen Zutaten vermischen und in einem passenden Topf zu einer leicht cremigen Sauce einkochen lassen. Würzen mit Salz und Pfeffer sowie mit Cayennepfeffer, der ein wenig die Süße nimmt.

Den erwärmten Chicorée (siehe Rezept «In Zitrussaft gedünsteter Chicorée», Seite 75) auf vorgewärmte Teller anrichten. Die Kalbsfilets einmal quer durchschneiden und versetzt auf den Chicorée anrichten. Das vordere Filetstückchen mit der Nougatsauce überziehen. Die Teller nach Belieben mit Orangenfilets ausgarnieren. Sofort servieren.

# Aprikosen-Chablis-Eisbombe

Für das Aprikoseneis die Aprikosen mit dem Einmachsaft und dem Zitronensaft im Mixer fein pürieren. Den Zucker beifügen. Mit Hilfe einer Zuckerwaage (Thermometer zur Bestimmung des Zuckergehalts einer Flüssigkeit) auf 16 Grad bestimmen. Falls nötig Zucker zugeben oder mit Wasser verdünnen. In der Eismaschine gefrieren lassen. Eine 2,5 l fassende, im Tiefkühler vorgekühlte Eisbombenform mit Aprikoseneis ausstreichen. Wieder in den Tiefkühler stellen.

Für das Chabliseis Wasser, Zucker, längs halbierte Vanilleschote, Zitronen- und Orangenschale miteinander aufkochen und etwa 10 Minuten ziehen lassen. Vanillestange, Zitronen- und Orangenschale entfernen. Wein und Zitronensaft dazugießen. In die Eismaschine geben. Wenn die Masse leicht bindet, das halb aufgeschlagene Eiweiß darunterziehen und weitergefrieren. Das Chabliseis in die mit Aprikoseneis ausgestrichene Form geben und mindestens 2 Stunden gefrieren lassen. Zum Servieren auf eine Platte stürzen.

**Für 10 Personen**

**Aprikoseneis**
1 kg eingemachte, entsteinte Aprikosen (siehe «Sommer in der Küche»)
5 dl Aprikoseneinmachsaft
1 Zitrone (Schale fein abgerieben, Saft durch ein Sieb passiert)

**Chabliseis**
2 dl Chablis
5 dl Wasser
450 g Zucker
1 Vanilleschote
dünn abgeschälte Schale von 1 Zitrone und 1 Orange
4 EL Zitronensaft, durch ein Sieb passiert
2 Eiweiß, halb aufgeschlagen

Als Höhepunkt der Silvesternacht eine Feuerzangenbowle! Der Zucker kann anstatt auf einer Feuerzange auch auf einem Drahtgitter über die Bowle gelegt werden.

## Feuerzangenbowle

Ergibt etwa $2^1/_2$ l
2 l kräftiger Rotwein
½ l Rum
Saft von
2 bis 3 Orangen
dünn abgeschälte
Schale von ½ Orange
und ½ Zitrone
4 Nelken
1 Zimtstange
1 kleiner Zuckerhut

Wein und Orangensaft in einem Kupfertopf erhitzen. Nelken, Zimt, Orangen- und Zitronenschale in ein Mullsäckchen binden und in den Topf hängen. Die Feuerzange auf den Topf legen, den Zuckerhut darauflegen, mit Rum tränken und anzünden. Immer wieder Rum auf den Zucker gießen und abbrennen lassen, bis der Zucker vollständig in den Topf getropft ist. Das Gewürzsäckchen entfernen und den Topf auf ein Rechaud stellen. Die heiße Bowle in Gläsern servieren.

Dieses Brot bringt Glück im neuen Jahr. Am Silvestermorgen wird es gebacken und in der Silvesternacht serviert. Sobald das Brot ausgekühlt ist, macht man in die Unterseite einen kleinen Schnitt und steckt eine goldene Münze hinein. Wer die Münze findet, wird das ganze Jahr hindurch Glück haben!

## Silvesternachtsbrot

Ergibt ein Brot von 30 cm Durchmesser
625 g Weizenmehl (Type 405)
30 g frische Hefe
175 g lauwarme Milch
6 Eier
1 TL Salz
175 g Zucker
1 Zitrone, abgerieben
1 Orange, abgerieben
125 g zerlassene, lauwarme Butter
1 EL Sesamsamen

Die Hefe in der lauwarmen Milch auflösen. Etwa 180 g Mehl hinzufügen und zu einem glatten Teig schlagen. Zugedeckt etwa 1 Stunde an einem warmen Ort gehen lassen.

Im Wasserbad 5 Eier, Salz, Zucker, Zitronen- und Orangenschale schlagen, bis eine cremige, helle Masse entsteht. Die Mischung in den Vorteig rühren. Das restliche Mehl sowie nach und nach die zerlassene Butter beigeben und den Teig etwa 10 Minuten kneten, bis er glatt und elastisch ist. Den Teig mit einem Tuch abdecken und an einem warmen Ort etwa 2 Stunden gehen lassen, bis er das doppelte Volumen erreicht hat. Wieder durchkneten und in eine mit Butter ausgestrichene hohe, runde Backform legen. Nochmals zugedeckt etwa 30 Minuten an einem warmen Platz stehenlassen, bis sich das Volumen fast verdoppelt hat.

Den Teig mit einem verquirlten Ei bestreichen, mit Sesam bestreuen und im vorgeheizten Backofen bei 180 Grad etwa 45 Minuten goldbraun backen. Das Brot wird wie ein Kuchen angeschnitten und verteilt.

# DER NEUJAHRSTAG

*Für viele beginnt dieser Tag mit Ausschlafen und Erholung. Die feuchtfröhliche Silvesternacht mit üppigem Essen und (vielleicht allzu) reichlichem Trinken hat manchen Leuten zugesetzt. So sind denn die traditionellen großen Neujahrsmenüs verschwunden und haben dem altbekannten Gabelfrühstück (heute nennt man es auch Katerfrühstück) Platz gemacht. Dieses ausgedehnte Frühstück beginnt meistens kurz vor Mittag und kann bis in den Nachmittag dauern. Wie bei jedem Frühstücksbuffet dürfen die traditionellen Angebote, zum Beispiel Fruchtsäfte, Kaffee, Tee, Milch und Milchprodukte, verschiedene Brote, Eier, Marmeladen, Schinken, Aufschnitt, Würste und Sülze, nicht fehlen. Dazu kommen die typischen Fischgerichte gegen den Kater! Diese Fischspezialitäten – weitere Zubereitungsarten sind unter den Fastnachtsrezepten im Monat Februar zu finden – sind eingelegt oder gesalzen, aber auch geräuchert, wie etwa Lachs, Forellen, Sprotten und Stör. Auch frische warme Braten mit einem bunten Reigen von Salaten können das Buffet bereichern.*

## Eingelegte Kabeljaufilets

Wasser, Salz und Lorbeerblätter aufkochen, bis das Salz vollständig aufgelöst ist. Abkühlen lassen. Die Fischwürfel in einen Glastopf füllen und mit der erkalteten Salzlake übergießen. Mit einem Teller beschweren, damit der Fisch gut mit Flüssigkeit bedeckt ist. Über Nacht stehenlassen.

Am nächsten Tag den Fisch aus der Lake nehmen und mit Küchenpapier trockentupfen. In einem Kochtopf das Öl erhitzen und die Fischstücke bei schwacher Hitze sautieren. Mit einem Schaumlöffel herausnehmen, auf einem Teller abkühlen lassen und danach in saubere Gläser abfüllen. Kurkuma, Ingwer und Schalotten im Mörser zu einer Paste verarbeiten. Mit Chili, Senf und Knoblauch vermischen. Die Mischung unter ständigem Rühren 1 Minute im bereits benützten Topf sautieren, dann den Essig hinzufügen. Alles aufkocken und abkühlen lassen. Die erkaltete Essigmischung über den Fisch in die Gläser gießen und die Deckel aufsetzen. Die Essigmischung muß den Fisch vollständig bedecken.

Vor Gebrauch 2 Tage im Kühlschrank stehenlassen.

2 kg Kabeljaufilets, in 4 cm große Würfel geschnitten
2 l Wasser
700 g Salz
2 Lorbeerblätter
4 EL Sonnenblumenöl
2 TL Kurkumapulver
4 Scheiben frischer Ingwer
10 Schalotten, in Scheiben geschnitten
1 rote Chilischote, entkernt und in Scheiben geschnitten
1 EL Senf
2 Knoblauchzehen, in dünne Scheiben geschnitten
2 l Weinessig

## Süss-säuerlich gewürzte Heringsfiletstreifen

Alle Zutaten außer den Heringsfilets miteinander vermischen und 15 Minuten kochen. Danach die Fischstücke hineingeben und etwa 12 Minuten ziehen lassen, bis sie den richtigen Festigkeitsgrad erreicht haben. In der Garflüssigkeit abkühlen lassen. Diese Heringe halten sich im Kühlschrank, mit der Garflüssigkeit bedeckt, bis zu einem Monat.

3 kg frische Heringsfilets, in 3 cm große Stücke geschnitten
2½ l Weinessig
1 Thymianzweig
15 g Stangenzimt
15 g Piment
15 g Muskatblüten
15 g schwarze Pfefferkörner
15 g Nelken
3 große Zwiebeln, in dünne Scheiben geschnitten
1 TL Essigsäure
400 g Zucker

## Gesalzene Fischpaste mit Kräutern

1 kg Sprotten
500 g Meersalz
Lorbeerblätter
5 Knoblauchzehen, in Scheiben geschnitten
getrocknete Salbeiblätter, Dillspitzen
Rosmarin
Thymian

In einen Steinguttopf eine Lage Salz, eine Lage Kräuter mit Knoblauch und eine Lage Fisch übereinanderschichten. Auf diese Weise den Topf füllen, bis keine Fische mehr übrig sind. Zuletzt mit Salz und Kräutern abschließen. Das Ganze mit einem Brett und einem Gewicht beschweren, so daß die Fische von der sich bildenden Lake bedeckt sind. Kühl lagern.

Nach einer Woche den Fisch aus der Lake nehmen, hacken und durch ein Sieb passieren. Das so gewonnene Püree in Töpfe füllen und mit wenig Lake bedecken. Diese Fischpaste kann – zugedeckt an einem kühlen Ort aufbewahrt – ein ganzes Jahr verwendet werden.

## Butter-Fisch-Paste

200 g Butter
30 g gehackte Petersilie
20 g Schnittlauch
Saft von 1 Zitrone
Fischpaste (Rezept siehe oben)

Butter schaumig schlagen. Alle übrigen Zutaten unterrühren und je nach Geschmack mehr oder weniger von der Fischpaste beigeben. Dazu servieren Sie getoastete Parisettebrotscheiben.

*Tip:* Diese Paste kann auch anstelle von Sardellenpaste, zum Beispiel für Pizzas, verwendet werden.

## Eingelegte Rollmöpse mit Kräutern

Ergibt 600 g
6 Heringe, filetiert (die silberne Haut belassen)
12 Cornichons
2 Zitronenscheiben
1 Zwiebel, in Scheiben geschnitten
3 Lorbeerblätter
3 kleine rote Chilischoten
je ½ TL Senfkörner, Fenchelsamen, Pfefferkörner, Kümmel
3 Nelken
4,5 dl Estragonessig
4 EL Wasser
15 g Salz

Jedes Heringsfilet mit der Haut nach außen um ein Cornichon wickeln. Mit einem Zahnstocher befestigen und in ein sauberes Glas schichten. Die Zitronen- und Zwiebelscheiben sowie die Gewürze zwischen den Rollmöpsen verteilen.

Essig, Wasser und Salz miteinander vermischen, aufkochen, abkühlen und über die Rollmöpse gießen. Das Glasgefäß verschließen und etwa 1 Woche an der Kühle stehenlassen. Kühl aufbewahrt halten sich Rollmöpse bis zu 4 Wochen.

## Bismarckhering in Kräuter-Senf-Sauce

Die Zutaten für die Marinade vermischen und die Heringsfilets 48 Stunden an der Kühle marinieren. Die Filets aus der Marinade nehmen und in Gläser geben.

Für die Senfsauce Eier, Schalotten, Kräuterpaste (oder frische Kräuter) und Muskat gut vermischen. Den Senf hinzufügen und weiterrühren, nach und nach Öl und Essig beigeben und zu einer glatten Sauce verarbeiten. Eventuell mit Salz und Pfeffer würzen. Die Sauce durch ein feines Sieb in einen Topf streichen und im Wasserbad erhitzen, dann über den Fisch gießen. Abkühlen lassen, das Glas mit Klarsichtfolie abdecken und vor dem Verzehr etwa 12 Stunden an der Kühle durchziehen lassen. Innerhalb einer Woche konsumieren.

**Ergibt etwa 1 kg**

12 frische, gut entgrätete Heringsfilets

**Marinade**

5 dl trockener französischer Weißwein
4 EL Wasser
1 TL Salz
1 Bouquet garni (Gemüsebündel aus Lauch, Sellerie und Karotte)
8 Pfefferkörner

**Senfsauce**

2 EL grobkörniger Senf
3 Eier, hart gekocht und gehackt
2 Schalotten, gehackt
6 EL Kräuterpaste (siehe «Sommer in der Küche») oder ersatzweise je 2 EL Kerbel, Estragon und Petersilie, frisch gehackt
Salz und Pfeffer
etwas gemahlene Muskatnuß
½ bis 1 dl Olivenöl
4 EL Weinessig

# *GEDANKEN*

*Wir leben in einer Zeit, wo wir nur Unnützem nachrennen und dabei das Schönste – die Liebe, das Essen und Trinken und unsere Freunde und Bekannten – vergessen.*

*Ein langer Weg liegt vor uns, der Weg durch das «Neue Jahr». Er windet sich durch Felder, Auen, Matten und Wälder.*
*Lassen wir unserer Seele freien Raum. Genießen wir die Ruhe, das Weiß des Rauhreifs und die Reinheit. Es gibt dafür keine Worte: Genießen und aufnehmen heißt die Devise in dieser schönen Zeit.*

# WETTERREGELN IM JANUAR

An Heilig Dreikönig werden die Tage
um einen Hahnenschrei länger.

***

Regen an Dreikönig – doppelte Keime,
aber nur halbe Frucht in die Scheune.

***

20. Januar, Fabian und Sebastian:
Fabian und Sebastian
fängt der rechte Winter an.

***

25. Januar, Pauli Bekehrung:
St. Paulus klar, bringt gutes Jahr,
so er bringt Wind, kommt Krieg geschwind.

***

Schön an Pauli Bekehrung –
bringt allen Früchten Bescherung.

***

31. Januar, Virgilius:
Friert es hart auf Virgilius,
im März noch viel Schnee und Kälte kommen muß.

***

Im Januar Donnergroll
macht Kisten und Fässer voll.

***

Ein Jahr, das schlecht will sein,
stellt sich schwimmend ein.

***

Ist der Januar kalt und trocken,
wird der August ein heißer Brocken!

# BAUERNMARKT

*Die Gemüsebauern haben ihre Stände aufgeschlagen. Eine Bäuerin reibt sich die Hände, das Kopftuch tief in die Stirne gebunden, den Kragen des alten, aber immer noch wärmenden Mantels hochgeschlagen. Ein kalter Wind treibt den Duft gebratener Kastanien vor sich her. Auf dem Markttisch liegt die letzte Ernte des Jahres: schön nach Länge und Dicke sortierte Schwarzwurzeln, rohe und gekochte Randen (rote Beten), Fenchelknollen, Sauerkraut und Sauerrüben. Tiefgrüner Feldsalat weckt Jugenderinnerungen: Dies war jeweils die Zeit, wenn meine Mutter extra eine Portion Feldsalat mit gekochtem Ei an einer herrlichen Sauce mit Nüssen auftischte. Wie wenig brauchte es, um glücklich zu sein!*

## Das Einlegen von Sauerrüben

6 kg weiße Rüben
90 g Salz
20 g Zucker
1 KL Kümmel
5 bis 8 Wacholderbeeren
Wasser

Die Rüben schälen, waschen und grob raffeln. In einer großen Schüssel mit Salz und Zucker würzen und gut untereinanderwirken. Kümmel und Wacholder in ein Leinentüchlein einbinden. Alle Zutaten in einen Steinguttopf hineinpressen, mit der Flüssigkeit, die durchs Einsalzen entstanden ist, angießen. Mit einem abgebrühten Leinentüchlein und einem passenden Brett bedecken und mit einem Stein beschweren. Wasser dazugeben, bis die Rüben damit bedeckt sind. 5 bis 6 Wochen im kühlen Keller ziehen lassen. Dabei darauf achten, daß das Gemüse immer mit Flüssigkeit bedeckt bleibt.

Nach jeder Entnahme von Sauerrüben das Leinentuch gut auswaschen, eventuell das Wasser abschütten. Das Leinentuch wieder auf die Sauerrüben geben. Das gut geputzte Brett darauflegen, mit dem abgewaschenen Stein beschweren und wieder mit Wasser bedecken. Die Sauerrüben werden gekocht und weiterverarbeitet wie Sauerkraut.

## Gekochte Sauerrüben

Die feingeschnittene Zwiebel im Schmalz glasig dünsten. Abgetropfte Sauerrüben zugeben. Umrühren und mit der Fleischbrühe ablöschen. Nach Belieben eine geräucherte Speckschwarte oder ein Stück Magerspeck mitkochen. Auf kleinem Feuer etwa 1 Stunde kochen lassen. Den geschabten Apfel mit dem Apfelmost beigeben und weitere 15 Minuten kochen lassen.

**Für 6 Personen**
1 kg Sauerrüben
1 kleine Zwiebel, in feine Scheiben geschnitten
1 EL Gänse- oder Schweineschmalz
½ l Fleischbrühe
1 Speckschwarte
1 feingeriebener Apfel
1 dl Apfelmost

## Weissrübengratin*

In einer Bratpfanne 60 g Butter zerlassen. Die Rüben hineingeben, mit Salz und Muskat würzen und unter häufigem Rühren bei schwacher Hitze 10 Minuten garen. Die Rüben in eine gebutterte Auflaufform geben. Die Sahne darübergießen und mit reichlich Pfeffer würzen. Die restliche Butter zerlassen, die Semmelbrösel darin unter Rühren hellbraun werden lassen. Die Brösel und den geriebenen Käse über die Rüben streuen. Im Backofen bei 190 Grad etwa 30 Minuten backen, bis die Oberfläche goldbraun ist.

**Für 4 Personen**
750 g zarte weiße Rüben, geschält und in grobe Streifen geraspelt
125 g Butter
Salz, Muskat, frisch gemahlener Pfeffer
1,5 dl Sahne
40 g frische Semmelbrösel
50 g geriebener Sbrinz oder Parmesan

## Rübenpudding*

Die geriebenen Rüben mit Milch und Eiern verrühren. Mit Salz, Pfeffer, Zimt und Muskat würzen. Die Mischung schaumig schlagen. Zwiebel, Petersilie, grüne Paprikaschote, gemahlene Haselnüsse und zerlassene Butter unter Rühren hinzufügen.

Eine 1¼ l fassende Auflaufform mit Butter fetten und die Mischung hineingeben. Den Zucker darüberstreuen und die Form für 45 Minuten in den vorgeheizten Backofen (170 Grad) geben, bis der Pudding fest geworden ist. Sofort in der Form servieren.

**Für 4 Personen**
170 g weiße Rüben, gerieben
¾ l Milch
3 ganze Eier, leicht aufgeschlagen
Muskatnuß, gerieben
Salz, frisch gemahlener Pfeffer
1 Prise Zimt
100 g gemahlene Haselnüsse
je 1 TL geriebene Zwiebel, feingehackte Petersilie, feingehackte grüne Paprikaschote
40 g Butter, zerlassen
½ TL Zucker
20 g Butter zum Einfetten der Form

## Schwarzwurzelsuppe mit Anis

**Für 4 Personen**
350 g Schwarzwurzeln
4 dl Wasser
4 dl Milch
1 dl Sahne und
1 Eigelb
3 EL Risottoreis
(Vialone)
Salz
1 Msp Anis, gemahlen
1 Zitrone (abgeriebene
Schale)

Die Schwarzwurzeln schälen und in kleine Stücke schneiden. Diese in 2 l kaltes Wasser mit ½ dl Weißweinessig legen, damit sie nicht braun werden. Die gut abgetropften Schwarzwurzeln zusammen mit dem Reis in Milch und Wasser etwa 30 Minuten weich kochen. Mit Salz und Anis würzen und im Mixer fein pürieren. Wieder in den Topf zurückgeben und aufkochen. Sahne, Eigelb und Zitronenschale vermischen und unter die Suppe rühren, nicht mehr kochen lassen. In vorgewärmte Teller oder Tassen anrichten und sofort servieren.

## Fritierte Schwarzwurzeln mit Tomatenchutneysauce*

**Für 4 Personen**
750 g Schwarzwurzeln
Salz
15 g Butter
2 EL Weißweinessig
Öl zum Fritieren

**Teig zum Fritieren**
125 g Mehl
Salz
2 Eier (Eigelb und
Eiweiß getrennt)
3 EL Olivenöl
2 dl Bier

**Tomaten-chutneysauce**
1½ dl
Tomatenchutney
(siehe «Sommer in der
Küche») oder
ersatzweise

**Vinaigrette**
¼ dl Essig
1 dl Olivenöl
2 EL gehackte
Petersilie
2 EL geschnittener
Schnittlauch
Salz, Pfeffer, Senf

Für den Teig Mehl, Salz, Eigelb und Öl in einer Schüssel vermischen. Bier nach und nach dazugeben, glatt schlagen. Bei Raumtemperatur mindestens 1 Stunde stehenlassen, damit der Teig später gut an den Gemüsestückchen haftet. Eiweiß steif schlagen. Unmittelbar vor dem Fritieren unter den Teig ziehen.

Die Schwarzwurzeln waschen und die dunkle Haut vorsichtig abschaben. Die geschälten Schwarzwurzeln in kaltes Wasser mit einem Schuß Essig oder Zitronensaft legen, damit sie sich nicht verfärben. In 8 bis 10 cm lange Stücke schneiden und zusammen mit der Butter und dem Essig in reichlich kochendes Salzwasser geben. Dickere Schwarzwurzeln sind nach 45 Minuten bis 1 Stunde gar. Wenn sie weich sind, abtropfen lassen und mit Küchenpapier gründlich trockentupfen. Das Fritieröl erhitzen. Die Schwarzwurzeln in den Ausbackteig tauchen. Einzeln wieder herausnehmen und fritieren, bis sie hellbraun sind. Gut abtropfen lassen. Die Schwarzwurzeln mit etwas Salz bestreuen und sofort auftragen.

Separat dazu die leicht warme Tomatenchutneysauce oder ersatzweise eine Kräutervinaigrette servieren. Für die Vinaigrette alle Zutaten gut miteinander verrühren.

## Randen, wie sie auch die Russen lieben

Die Randen sorgfältig waschen, ohne die Haut zu verletzen, da sonst der rote Saft während des Kochens austreten würde. In so viel leicht gesalzenes siedendes Wasser geben, daß die Randen bedeckt sind. Den Deckel auflegen und je nach Größe 2 bis 2½ Stunden kochen. Im Sud abkühlen lassen. Die Randen schälen und in dünne Scheiben schneiden. In eine Schüssel legen, mit Weinessig beträufeln und bis zur weiteren Verwendung beiseite stellen.

In der Zwischenzeit den Kümmel und die Zimtstange zur Kochbrühe geben, ebenso die kleinen Zwiebeln, und alles etwa 15 Minuten garen. Die Zwiebeln herausnehmen. Die Butter in einem feuerfesten Topf zergehen lassen. Das Mehl hinzufügen und hellbraun rösten. Die abgeseihte Brühe unter ständigem Rühren dazugießen und 30 Minuten köcheln lassen. Die gekochten Zwiebeln und die Randen mit der Marinade in die Sauce geben, aufkochen lassen. Mit Pfeffer, Zucker und Meerrettich würzen. Die saure Sahne darüber verteilen. Sofort servieren.

*Tip:* Dieses Gericht paßt ausgezeichnet zu gesottenem Lamm-, Rind- oder Geflügelfleisch.

**Für 4 Personen**
750 g kleine Randen (rote Beten)
Salz
1½ EL Weinessig
1 TL Kümmel
¼ Zimtstange
¼ l Rinder- oder Gemüsebrühe
125 g kleine Zwiebeln
15 g Butter
1 EL Mehl
½ TL Zucker
frischgemahlener weißer Pfeffer
1 TL geriebener Meerrettich
3 EL saure Sahne

## Polnische Randensuppe (Borschtsch)

Alle Zutaten für die Brühe in einem großen Topf zum Kochen bringen, gut abschäumen. Halb zugedeckt 3 bis 4 Stunden bei schwacher Hitze köcheln lassen. Die Brühe passieren, etwas entfetten, das Fleisch beiseite stellen. Die Randen schälen und in feine Stäbchen schneiden. Diese in einen Topf geben, die Brühe angießen, den Randensaft samt Essig und saurer Sahne dazugeben. Das Schweinefleisch und ein Drittel des Rindfleischs in Würfel schneiden und in die Suppe geben. Abschmecken, nicht mehr kochen lassen. Mit Petersilie und Dill bestreuen.

Das restliche Rindfleisch kann kalt oder als Salat gegessen werden, zusammen mit viel frischem Meerrettich.

**Für 6 Personen**
5 Randen (rote Beten), gekocht
6 EL Randensaft mit 1 EL Essig vermischt
½ l saure Sahne
Salz
Petersilie und Dill

**Brühe**
1,2 kg Rindfleisch (Brust oder Hals)
500 g Schinkeneisbein
1,5 bis 2 l Wasser
6 Pfefferkörner
1 Lorbeerblatt
2 Zwiebeln
50 g getrocknete Steinpilze, eingeweicht und abgetropft

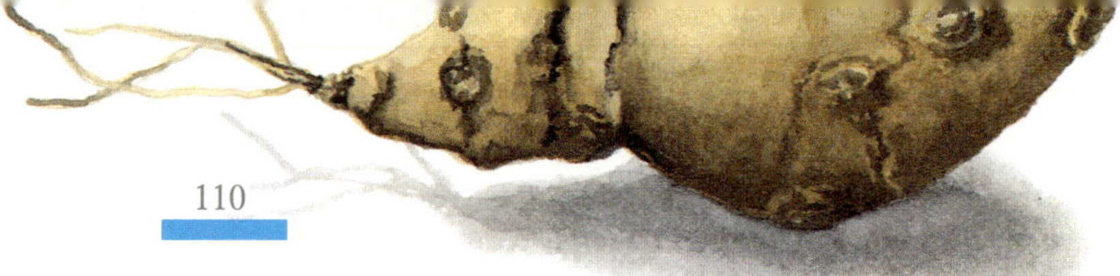

# *TOPINAMBUR – DIE KNOLLE, DIE KEINE KARTOFFEL IST*

*Dieses alte Gemüse, welches lange vor dem Zweiten Weltkrieg in ganz Europa verbreitet war, ist in Vergessenheit geraten. Man befürchtete nämlich in den dreißiger Jahren, diese Knolle könnte der Kartoffel den Rang ablaufen.*

## *STECKBRIEF*

### *URSPRUNG*

*Der Topinambur, auch «Indianerkartoffel» oder «Erdbirne» genannt, war ein Hauptnahrungsmittel der Indianer. Sein Name geht auf den Indianerstamm «Topinambas» zurück. Seefahrer brachten im 17. Jahrhundert dieses Gemüse zuerst nach Frankreich, wo es als besondere Delikatesse für reiche Leute zubereitet wurde. Schnell breitete sich der Topinambur auch in den deutschsprachigen Gebieten aus.*

### *ERNTEZEIT*

*Geerntet werden Topinamburs gleich wie Kartoffeln, und zwar ab November bis April. Der Vorteil ist, daß die Knolle auch größte Kälte erträgt. Man kann sie aus dem Boden nehmen, sobald die Erde wieder aufgetaut ist.*
*Der Topinambur sollte wegen seiner dünnen Schale nicht lange gelagert werden, da er schnell seine Feuchtigkeit verliert und runzelig wird.*
*Botanisch ist die Knolle mit der Sonnenblume verwandt, nicht mit der Kartoffel. Die kräftigen, bis zu 4 m hohen Stengel sind wie jene der Sonnenblumen mit Mark gefüllt. Die Blüte erreicht einen Durchmesser von 6 bis 10 cm und blüht im Herbst rötlichgelb. Früher wurde sie oft als Gartenabschluß, als sogenannte grüne Hecke, angepflanzt.*

### *GESCHMACK*

*Die rohen Knollen, dünn geschält, besser nur geschabt, haben einen leicht nußartigen Geschmack. Gekocht erinnern sie eher an Artischocken oder Schwarzwurzeln.*

### *ZUBEREITUNG*

*Der Topinambur sollte innerhalb 2 bis 5 Tagen verarbeitet werden. Die Lagerung erfolgt bei 0 bis höchstens 5 Grad. Keinesfalls in einem Plastikbeutel aufbewahren, weil die Knollen rasch schimmeln würden. In Sand eingegraben (wie zum Beispiel Meerrettich) sind sie allerdings bis zu 2 Monaten haltbar.*
*Die Haut ist nährstoffreich und wohlriechend, kann aber Blähungen verursachen. Deshalb sollte man die Knolle unter fließendem Wasser gut abbürsten und schaben.*

*Topinambur eignet sich ausgezeichnet als Spezialkost für Diabetiker. Ähnlich dem Insulin senkt der Topinambur, welcher das Kohlenhydrat Inulin enthält (nicht zu verwechseln mit dem Hormon Insulin), erhöhte Blutzuckerwerte. Topinambur enthält Kalzium, Eisen, Phosphor, viel Vitamin B und C sowie Karotin zum Aufbau des Vitamins A.*
*Die Verwendung ist vielseitig. Die Knollen können nach sämtlichen Kartoffelrezepten, also gedämpft, gedünstet, gekocht, gebraten, gebacken, püriert, zubereitet werden. Sie können die Knolle auch roh, als Salat oder als Dessert verarbeiten. Als Gewürze eignen sich vorzüglich Majoran, Petersilie, Kerbel, Estragon, Minze, Meerrettich, Muskat, Senf und Zitrone.*

Eine kleine Köstlichkeit zum Knabbern,
als Garnitur von Salaten oder als Beilage zu Cocktails

## Topinamburchips

Topinambursse, geschält
Öl zum Ausbacken
Salz

Topinamburs in hauchdünne Scheiben hobeln (wie für Kartoffelchips) und sofort in heißem Öl ausbacken. Sind die Chips hellbraun und knusprig, diese auf einem Küchenpapier zum Abtropfen ausbreiten. Leicht salzen. Auf Plattenpapier servieren.

## Topinambursalat

Für 4 Personen
500 g runde Topinamburs, dünn geschält und mit Zitrone eingerieben
1 dl Sauerrahm
1 EL Birnendicksaft
Saft von 1 Zitrone
50 g grobgehackte Walnüsse
2 Birnen (Gute Luise), entkernt, nicht geschält

Sauerrahm, Birnendicksaft, Zitronensaft und Walnüsse vermengen. Topinamburs und Birnen mit grober Raffel direkt in die Sauce raffeln. Immer wieder umrühren, damit der Salat nicht braun wird.

## Topinamburs mit Knoblauch*

**Für 4 Personen**
800 g Topinamburs
Salz
2 Knoblauchzehen, zerdrückt und fein gehackt
2 EL kaltgepreßtes Olivenöl
2 EL feingehackte Petersilie
schwarzer Pfeffer aus der Mühle

Die Topinamburs schälen, grob raspeln und in kaltes Wasser mit etwas Zitronensaft legen. Abgießen und in Salzwasser 8 Minuten garen. Abtropfen lassen, in eine flache Schüssel anrichten, Knoblauch und Petersilie darüberstreuen, mit Öl beträufeln und mit schwarzem Pfeffer aus der Mühle und nach Belieben etwas Salz würzen.

Heiß oder kalt als Beilage servieren.

## Überbackene Topinamburs*

**Für 4 bis 6 Personen**
1 kg Topinamburs
1 Knoblauchzehe
Salz, frisch gemahlener Pfeffer
125 g Butter
2 Eier, geschlagen
3 dl Milch
1 dl Sahne
50 g geröstete, geriebene Haselnüsse

Die Topinamburs schälen und in kaltes Wasser mit Zitronensaft legen. Eine große feuerfeste Auflaufform mit Knoblauch einreiben und mit etwas Salz bestreuen, dann mit Butter gut einfetten. Die Topinamburs in Scheiben schneiden und ziegelartig einschichten. Mit Salz und Pfeffer würzen. Eier, Milch, Sahne und Haselnüsse vermischen und darübergießen. Die restliche Butter in Flöckchen darauf verteilen. Das Gericht zuerst für 15 Minuten auf die sehr schwach erhitzte Herdplatte stellen. Danach im vorgeheizten Backofen bei 180 Grad etwa 30 Minuten backen. Heiß in der Auflaufform servieren.

Eine extravagante Entdeckung

## Topinambursuppe mit Zimt*

**Für 4 Personen**
500 g Topinamburs
40 g Butter
1 mittlere Zwiebel
50 g Weißbrot ohne Rinde, in Würfel geschnitten
4 dl Milch
4 dl Gemüsebrühe
2 dl Sahne
1 Knoblauchzehe, gepreßt
1 Msp Zimtpulver
Muskat und Salz
8 dünne Parisettebrotscheiben
50 g Butter
Zimtpulver

Die Topinamburs schälen, in Scheiben schneiden und in Wasser mit 1 EL Zitronensaft legen. Die Butter in einem Topf zum Schmelzen bringen. Die abgetropften Topinamburscheiben zusammen mit der feingehackten Zwiebel etwa 10 Minuten dünsten. Die Brotwürfel beigeben, mit Milch und Gemüsebrühe auffüllen, Gewürze und Knoblauch beigeben und bei niedriger Temperatur köcheln lassen. Die Suppe im Mixer sehr fein pürieren. Durch ein Sieb in den Topf zurückgießen, aufkochen lassen, mit Sahne verfeinern und falls nötig mit Salz nachwürzen. Die Brotscheiben in Butter kurz braun braten und mit Zimt bestreuen. Separat zur Suppe servieren.

## Topinambur-Trüffel-Soufflé*

Topinamburs schälen, in große Stücke schneiden, sofort in Wasser mit Zitronensaft legen. In Salzwasser, dem 2 dl Milch beigegeben wurden, weich kochen. Die Garflüssigkeit abgießen und aufbewahren. Das gut abgetropfte Gemüse pürieren. Eine 1¼ l fassende Souffléform mit 15 g Butter ausstreichen. Die restliche Butter zerlassen, das Mehl hineinrühren und die Milch und 1½ dl Garflüssigkeit zugießen. Gemüsepüree, Petersilie, Trüffeln und Trüffelmarinade unterrühren und mit Salz, Pfeffer und Muskat würzen. Den Topf vom Feuer nehmen. Das Eigelb unter die Mischung ziehen. Das Eiweiß steif schlagen, 1 EL Eischnee in die Gemüsemischung rühren, dann den restlichen Eischnee unterheben. Die Mischung in die vorbereitete Souffléform geben und im vorgeheizten Backofen bei 200 Grad etwa 20 Minuten backen.

*Tip:* Anstelle von Trüffeln können Sie 1 EL gehackte Petersilie mehr beigeben. Zu diesem Soufflé paßt ein Salat als Beilage ausgezeichnet.

Für 4 Personen
500 g Topinamburs
2 dl Milch
75 g Butter
75 g Mehl
1½ dl Milch
1 EL Petersilie, gehackt
1 EL eingelegte Trüffeln, gehackt
1 EL Trüffelmarinade (Rezept «Eingelegte Trüffeln», Seite 135)
Salz und frisch gemahlener Pfeffer
Muskatnuß
4 Eier (Eiweiß und Eigelb getrennt)

## In Rotwein gedünstete Topinamburs*

Die Topinamburs schälen, in 1 cm große Würfel schneiden, in Eiswasser mit einem Schuß Essig legen. In einem Schmortopf die Zwiebeln im Öl dünsten, bis sie hellgelb sind. Die abgetropften Topinamburs, Salz, Pfeffer, Muskat, Knoblauch und das Gemüsebouquet hinzufügen. Zugedeckt etwa 10 Minuten dünsten, dabei den Topf hin- und herrütteln. Wein und Wasser angießen und im offenen Topf bei starker Hitze einkochen, bis ein Teil der Flüssigkeit verdampft ist. Danach den Deckel wieder auflegen und das Gericht bei ganz schwacher Hitze fertiggaren.

Für 4 Personen
750 g Topinamburs
1 mittelgroße Zwiebel, fein gehackt
2 EL Olivenöl
Salz, frisch gemahlener Pfeffer
geriebene Muskatnuß
2 Knoblauchzehen
1 Gemüsebouquet
2 dl kräftiger Rotwein
1,5 dl Wasser
2 EL gehackte Petersilie

# DREIKÖNIGSTAG

*Der Tag der Heiligen Drei Könige kennt nicht nur den Brauch des Sternsingens, wo drei als Könige verkleidete Gestalten unter Absingen der «Sternlieder» von Haus zu Haus ziehen und über die Eingangstüren mit geweihter Kreide die Buchstaben C, M und B und die Jahreszahl schreiben. An diesem Tag werden auch ganz besondere Gebäcke gegessen.*
*Übrigens: Die Buchstaben C, M und B standen früher nicht für die Namen der drei Könige, Caspar, Melchior und Balthasar, sondern als Abkürzung für das lateinische «Christus mansionem benedicat» (Christus segne dieses Haus). Bevor der Brauch, sich an Weihnachten zu beschenken, entstand, verteilte man vielerorts die Geschenke am Dreikönigstag.*

## WER WIRD KÖNIG?

*Ein ganz spezielles Hefegebäck dient dazu, einen König zu wählen. Der Dreikönigskuchen besteht aus vielen kleinen zusammengebackenen Brötchen. In einem dieser Brötchen steckt eine große getrocknete Bohne. Der Kuchen wird mit einer aus Goldpapier hergestellten Königskrone serviert. Wer das Brötchen mit der Bohne erwischt, ist König für einen Tag. Er darf die Krone aufsetzen und wird an diesem Tag ganz besonders verwöhnt.*

## Dreikönigskuchen

Das Mehl in eine vorgewärmte Schüssel sieben und in der Mitte eine Vertiefung anbringen. Die in 1 dl warmer (35 Grad) Milch aufgelöste Hefe mit dem Zucker hineingeben. Mit zwei Fingern wenig Mehl mit der Flüssigkeit zu einem Teiglein vermischen. Die Schüssel mit einem Tuch abdecken und für etwa 20 Minuten an einen warmen Ort stellen. Nach dieser Zeit das aufgegangene Vorteiglein mit Mehl zudecken. Das Salz über das Mehl streuen, dann die küchenwarme Butter in Flocken, die verquirlten Eier, die Orangen- und die Zitronenschale sowie die restliche Milch zugeben. Alles zu einem Teig verarbeiten. Zuletzt die Rosinen untermischen. Den Teig so lange kneten, bis er glatt ist. In der zugedeckten Schüssel an der Wärme 1½ Stunden gehen lassen.

Den Teig zu einer langen Rolle formen und davon etwa 8 gleich große runde Brötchen abdrehen. In einem davon die Bohne verstecken. Die Brötchen nebeneinander in eine gebutterte Springform setzen. An der Wärme um das Doppelte aufgehen lassen. Danach 1 Stunde in den Kühlschrank stellen. Mit Eigelb bestreichen und im vorgeheizten Ofen bei 200 Grad etwa 45 Minuten backen. Sofort aus der Form lösen und auf einem Gitter erkalten lassen. Mit der aus Goldpapier hergestellten Krone dekorieren.

**Für eine Springform von 24 cm Durchmesser**

500 g Mehl
20 g Hefe
1 TL Zucker
½ TL Salz
3 EL Zucker
100 g Butter
1 Zitrone (abgeriebene Schale)
1 Orange (abgeriebene Schale)
2,5 dl Milch
1½ Eier
80 g Rosinen
1 großer getrockneter Bohnenkern
1 Eigelb

Ein altes Rezept von einer Pfarrköchin aus Regensburg

## Königskuchen

Butter und Zucker schaumig aufschlagen. Nach und nach die Eier zugeben, ebenso den Arrak und die übrigen Zutaten außer Mehl und Backpulver. Zuletzt das Mehl mit dem Backpulver löffelweise untermischen. Eine gut gebutterte Gugelhupfform mit geschälten und gehobelten Mandeln ausstreuen und die Masse hineingeben. Im auf 180 Grad vorgeheizten Ofen etwa 60 bis 70 Minuten backen.

420 g Butter
420 g Zucker
420 g Mehl
1 TL Backpulver
12 Eier
1 Glas (50 g) Arrak oder Kirschwasser
125 g Rosinen
100 g grobgehacktes Zitronat
1 Zitrone (fein abgeriebene Schale)
Butter zum Ausstreichen der Form
60 g Mandeln

# KOHL UND CO.

*Die Familie der Kohlgemüse ist so zahlreich wie ihre Anhänger. Der Kohlkopf quietscht, wenn man ihn anfaßt, und das zeugt von einer hochstehenden Qualität. Diese Gemüse sind über die ganze Erde verbreitet. Sie werden überall geliebt und in den verschiedensten Zubereitungsarten auf den Tisch gebracht.*
*Der Kohl liebt in seiner Nachbarschaft vor allem Kümmel und Wacholder. Diese Gewürze wirken gegen Blähungen, und sie wärmen, was im Winter besonders willkommen ist.*

## DER KÜMMEL

*Wildwachsender Kümmel gedeiht auf mageren Alpwiesen. Sammelzeit ist von Juli bis August. Rezepte für Kümmelpaste, Kümmelschnaps und anderes mehr finden Sie im Buch* «Sommer in der Küche».

## DER WACHOLDER

*Die Saison zum Sammeln von wildwachsendem Wacholder dauert von September bis Oktober. Man findet ihn vor allem im Voralpengebiet. Rezepte zum Verarbeiten von Wacholder finden Sie im Buch «Herbst in der Küche».*
*Sollten Sie die Samenkerne des Kümmels oder die Wacholderbeeren im Gemüse stören, können Sie einen Gewürzbeutel aus feinem Leinentuch herstellen, die Gewürze darin einbinden und den Beutel anschließend an einem langen Bindfaden in das Kochgut geben. Das Ende des Bindfadens befestigen Sie am Pfannenstiel, was Ihnen später das Suchen des Beutels erspart.*
*Kümmel und Wacholder können auch in einer Kaffeemühle fein gemahlen und wie gemahlener Pfeffer verwendet werden.*

*KOHLSALATE*

*Hier eine praktische Methode, um Kohlgemüse weicher zu machen.*
*Den Kohl raspeln, in eine große Schüssel geben und zusammendrücken. Kochendes Wasser über den Kohl gießen, bis er knapp bedeckt ist. Einen Teller, der gerade in die Schüssel paßt, auf den Kohl legen. Etwa 10 Minuten ziehen lassen.*
*Den warmen Kohl in ein Küchensieb leeren und gut abtropfen lassen. Mit den Händen alles verbliebene Wasser ausdrücken.*

## Kohlsuppe mit saurer Sahne

Den Kohl vierteln, Strunk entfernen, in feine Streifen schneiden. In siedendes Wasser legen, 1 Minute kochen lassen, dann das Wasser abgießen. Den Kohl in einem Schmortopf zusammen mit Fett und Zwiebeln andünsten. Bouillon, Speckschwarte und Gewürzbeutel hinzufügen. Etwa 1 Stunde im Ofen zugedeckt köcheln lassen, nötigenfalls Wasser nachgießen. Die feingeschabten Kartoffeln mit dem Weißwein dazugeben, nochmals etwa 20 Minuten kochen lassen. Den Gewürzbeutel und die Speckschwarte herausnehmen und die Suppe im Mixer grob pürieren. Bei Bedarf verdünnen – in der Regel ist sie eher dicklich – und abschmecken. Den Sauerrahm separat dazu servieren.

Als Garnitur können Sie feine Scheiben von Frankfurter Würstchen auf die Suppe streuen.

**Für 4 Personen**
½ kleiner Weißkohl (äußere Blätter entfernen)
½ Zwiebel, fein geschnitten
40 g Gänsefett oder Butter
1 l leichte Bouillon
1 Speckschwarte
1 Gewürzbeutel mit 2 Wacholderbeeren, Kümmel und 1 Lorbeerblatt
Salz
1 dl Weißwein
180 g rohe Kartoffeln, fein gerieben
100 g Sauerrahm

## Rustikaler Kohlsalat

Den Kohl wie oben beschrieben vorbereiten, gut abtropfen lassen und mit folgender Marinade anmachen: Etwas Öl in die Pfanne geben und die Speckstücke darin kroß braten. Noch heiß unter den Kohl mischen. Aus dem Speckfett und den übrigen Zutaten eine Vinaigrettesauce herstellen und noch warm unter den Kohl mengen. Falls nötig mit Salz und Pfeffer nachwürzen.

**Für 4 Personen**
600 g feingeschnittener Weißkohl, Wirsing oder Rotkohl, ohne Strunk
100 g Magerspeckstreifen, in kleine Stücke geschnitten
1 dl Öl
½ dl Weinessig
Salz und Pfeffer
1 EL gehackte Petersilie
nach Belieben etwas Kümmel

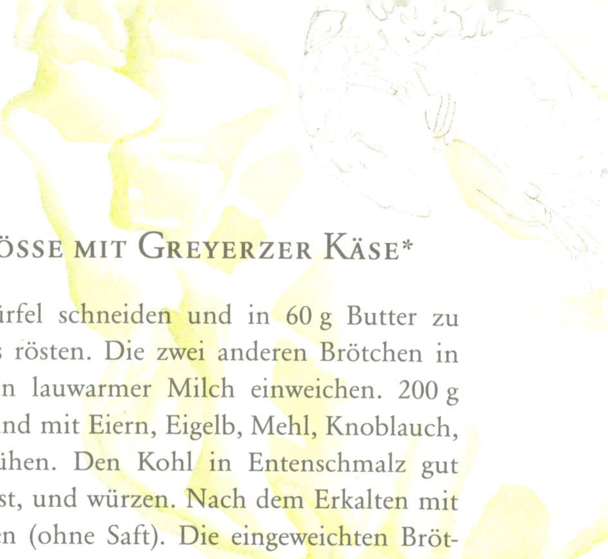

## Weisskohlklösse mit Greyerzer Käse*

**Für 4 Personen**
500 g Weißkohl, Strunk entfernt, fein gehobelt
4 weiße Brötchen
325 g Butter
6 dl Milch
2 Eier
4 Eigelb
100 g Mehl
1 Knoblauchzehe, gehackt
Salz und Pfeffer
60 g Entenfett oder Schweineschmalz
100 g Greyerzer Käse, frisch gerieben

Zwei Brötchen in Würfel schneiden und in 60 g Butter zu goldbraunen Croûtons rösten. Die zwei anderen Brötchen in Stücke brechen und in lauwarmer Milch einweichen. 200 g Butter cremig rühren und mit Eiern, Eigelb, Mehl, Knoblauch, Salz und Pfeffer verrühen. Den Kohl in Entenschmalz gut dünsten, bis er weich ist, und würzen. Nach dem Erkalten mit der Eimasse vermischen (ohne Saft). Die eingeweichten Brötchen gut ausdrücken und mit den Croûtons unter die Kohlmasse geben. Gut vermengen und eigroße Klöße formen. In kochendem, leicht gesalzenem Wasser garen. Die restliche Butter zergehen lassen. Die abgetropften Klöße mit Käse bestreuen und mit der flüssigen Butter beträufeln.

## Kohleintopf mit Lamm und Garnelen

**Für 4 Personen**
500 g Weißkohl, Strunk entfernt, grob gehobelt
1 Zwiebel, in feine Scheiben geschnitten
2 Knoblauchzehen, zerquetscht
1½ dl Olivenöl
200 g Lammschulter, in kleine Stücke geschnitten
2 dl Weißwein
1 l leichte Bouillon
Salz und Thymian
2 TL Kurkumapulver
160 g ausgelöste Garnelen (schwarze Eingeweide entfernt)
Cayennepfeffer

In einem flachen Topf das Öl erhitzen, die Lammschulterstücke kurz anbraten. Zwiebeln, Kohl und Knoblauch anziehen, mit Weißwein ablöschen und mit Bouillon auffüllen. Mit Salz, Thymian und Kurkuma würzen. Zugedeckt im Ofen etwa 30 bis 40 Minuten dünsten. Gelegentlich umrühren. Die Garnelen zunächst längs, dann quer halbieren und 5 Minuten vor Ende der Kochzeit zusammen mit dem Cayennepfeffer in den Topf geben. Gut umrühren.

## Kohl-Sahne-Linsen mit Ochsenschwanz

Die Linsen abspülen und in der Fleischbrühe mit der besteckten Zwiebel zum Kochen bringen. Etwa 10 Minuten köcheln lassen. Kohl, Schinken und Kartoffeln dazugeben und auf kleinem Feuer 30 bis 40 Minuten garen.

In einem anderen Topf die Ochsenschwanzstücke bei schwacher Hitze in Öl anbraten. Nach 10 Minuten Zwiebelscheiben, Knoblauch, Sellerie, Lauch, Karotten und Tomatenmark dazugeben. Die Temperatur herunterschalten und 5 Minuten weiterdünsten. Den Wein dazugießen und zugedeckt etwa 2 Stunden schmoren lassen, bis das Fleisch gar ist. Die Ochsenschwanzstücke herausnehmen, das Fleisch noch warm von den Knochen lösen und in Würfel schneiden. Fleischwürfel, Gemüse und Brühe zum Kohl-Linsen-Gemisch geben. Sauerrahm dazugießen und noch einmal aufkochen lassen. Vor dem Servieren mit Salz, Pfeffer und Majoran abschmecken.

**Für 5 bis 6 Personen**

350 g grüne Linsen, über Nacht eingeweicht
350 g Weißkohl, Strunk entfernt, gehobelt
2 l Bouillon
2 große Zwiebeln, 1 mit Nelken besteckt, 1 in Scheiben geschnitten
4 EL gehackter Schinken
400 g Kartoffeln, geschält und in Stücke geschnitten
1 bis 2 Ochsenschwänze, in Stücke geschnitten
2 EL Öl
1 Knoblauchzehe, zerdrückt
½ Sellerieknolle, in Würfel geschnitten
1 Lauchstengel, in Streifen geschnitten
2 Karotten, in Scheiben geschnitten
2 EL Tomatenmark
1 l Rotwein
¼ l dicker Sauerrahm
Salz, Pfeffer aus der Mühle
Majoran

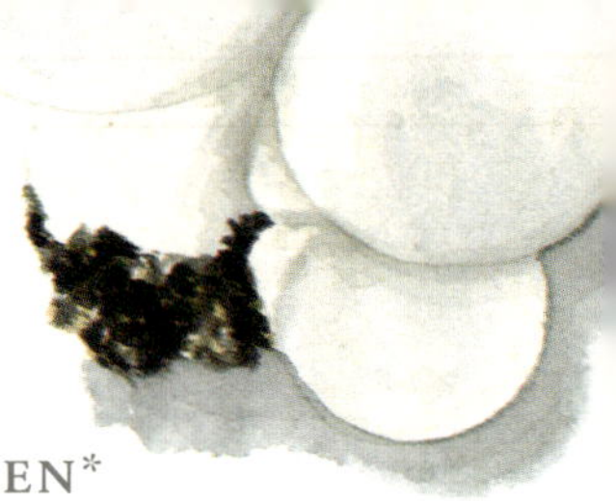

## Kohlrouladen mit Sultaninen*

**Für 4 Personen**
8 große Weißkohlblätter, blanchiert und abgetropft
50 g Butter
¼ TL Kurkumapulver
½ TL Salz, Pfeffer
1 dl Wasser oder Gemüsebrühe
40 g Sultaninen, in Wasser eingeweicht

**Füllung**
300 g Kartoffeln, geschält
50 g Butter
5 EL Sahne
1 Eigelb
150 g Champignons, gewaschen, abgetropft und fein gehackt
2 EL feingeschnittener Schnittlauch
2 EL gehackte Petersilie
100 g gehackte Walnüsse
1 TL Majoran
Salz

Für die Füllung die Kartoffeln kochen und sehr gut abtropfen lassen. Pürieren, mit Butter und Sahne verfeinern, Eigelb und die übrigen Zutaten daruntermengen. Alles gut verrühren und abschmecken. Die Füllung auf die Kohlblätter verteilen, einrollen und mit Bindfaden zusammenhalten. Die Butter in einem passenden Schmortopf erhitzen und die Kohlrouladen satt hineinlegen. Bei großer Hitze rundum braten, bis die Blätter leicht zu bräunen beginnen. Wasser, Kurkuma, Salz und Pfeffer mischen und über die Rouladen gießen. Die abgetropften Sultaninen beigeben. Zugedeckt im vorgeheizten Ofen bei 200 Grad dünsten, bis die Flüssigkeit verdampft ist (etwa 45 Minuten). Den Deckel abnehmen und die Rouladen im Topf auftragen.

# SUPPENKASPAR

*Auch wenn im Januar in vielen Haushalten Schmalhans Küchenmeister ist, braucht niemand Hunger zu leiden. Gute, kräftige Suppen und deftige Eintöpfe sorgen für Abwechslung und sind das Beste gegen Hunger und Kälte.*
*Viele traditionelle Suppeneintöpfe wie Pot au feu, Bouillabaisse oder Suppenhuhn lassen einem schon das Wasser im Mund zusammenlaufen. Ich möchte sie aber noch mit anderen winterlichen Suppengerichten bekannt machen, an denen man sich – am besten natürlich in geselliger Runde mit anderen Feinschmeckern – satt essen kann.*

## Kräftige Bohnensuppe mit Schweinsfüssen und Rippchen

**Für 10 Personen**
500 g weiße Bohnen, über Nacht eingeweicht, abgetropft
4 geräucherte Schweinsfüße
500 g geräucherte Schweinerippchen (Kasseler)
5 l Wasser
1 Knollensellerie, in knapp 1 cm große Würfel geschnitten
2 mittelgroße Zwiebeln, gehackt
30 g Schweineschmalz
2 EL gehackte Petersilie
2 EL Mehl
1½ EL Paprika, scharf
3 Knoblauchzehen, zerdrückt
Salz, Pfeffer
5 EL Sauerrahm

Die sauber geputzten Schweinsfüße und die Rippchen mit den Bohnen ins Wasser geben und zum Kochen bringen. Etwa 2 Stunden köcheln lassen, bis die Bohnen weich sind und das Fleisch sich leicht von den Knochen löst. Die Brühe durch ein Sieb in einen zweiten Topf gießen. Das Fleisch von den Knochen schneiden und zur Seite stellen.

Zwiebeln und Sellerie bei schwacher Hitze im Schweineschmalz glasig braten. Das Mehl darüberstreuen und unter ständigem Rühren gut anschwitzen, bis ein brauner Roux entsteht. Paprika, Knoblauch und die abgeseihte Brühe beifügen, mit dem Schneebesen glatt schlagen. Alle übrigen Zutaten dazugeben, zuletzt noch das in kleine Stücke geschnittene Fleisch. Nötigenfalls mit etwas Wasser verdünnen, mit Salz und Pfeffer würzen.

Servieren Sie separat dazu feingeriebenen Sbrinz oder Parmesankäse. Jeder streut sich soviel in die Suppe, wie sein Herz begehrt!

*Tip:* Auch diese Suppe läßt sich sehr gut auf Vorrat zubereiten. Die Suppe wird heiß in Einmachgläser eingefüllt und sofort gut verschlossen. Im Wasserbad etwa 30 Minuten bei 95 Grad sterilisieren. Das Produkt bleibt damit bis zu 3 Monaten haltbar.

# Feurige Kuttelsuppe

**Für 10 bis 12 Personen**
1,2 kg Kutteln, gekocht und in 1 cm breite Streifen geschnitten
3 EL Limettensaft
2 Schweinsfüße, gespalten und gesäubert
4½ l leichte Bouillon
300 g gepökeltes Rindfleisch
2 Zwiebeln, grob gehackt
3 Schalotten, gehackt
1 Stange Bleichsellerie, grob gehackt
400 g Pintobohnen (ersatzweise auch schwarze Bohnen), über Nacht eingeweicht, abgetropft
4 mittelgroße Kartoffeln, in ½ cm große Würfel geschnitten
10 grüne Oliven, entsteint
1 EL Sultaninen
1 grüne Paprikaschote, entkernt und grob gehackt
2 grüne Chilischoten, entkernt und gehackt, oder ersatzweise Sambal oder Cayennepfeffer
¼ TL geriebene Muskatnuß und Nelkenpulver

Die Kutteln in eine Schüssel geben, mit Limettensaft beträufeln und ziehen lassen. Die Schweinsfüße in der Bouillon 2½ bis 3 Stunden kochen. Etwa 1 bis 1½ Stunden nach dem Aufsetzen der Schweinsfüße das gepökelte Rindfleisch und die Bohnen beigeben und leicht mitköcheln lassen.

Sobald die Schweinsfüße und das Rindfleisch gar sind, beides in 1 cm große Würfel schneiden und mit den Kutteln und allen übrigen Zutaten in die Suppe geben. Nochmals 30 Minuten kochen lassen, bis die Kartoffeln und das Gemüse gar sind. Wenn nötig etwas Flüssigkeit nachgießen und die Suppe pikant abschmecken.

Als Beilage Scheiben von französischem Stangenbrot mit Knoblauchbutter bestreichen und knusprig toasten.

*Tip:* Diese Suppe können Sie heiß in Einmachgläser abfüllen und zugedeckt 30 Minuten bei 95 Grad sterilisieren. Mindestens 3 Monate haltbar und sofort servierbereit.

## Muschel-Fenchel-Cremesuppe mit Safran

Die Muscheln unter fließendem Wasser gründlich abbürsten (Bart entfernen), dann mit dem Wein, den Schalotten, dem Knoblauch und den Petersilienstengeln in einen großen Topf geben und diesen gut verschließen. Bei starker Hitze etwa 10 Minuten dämpfen, bis sich alle Muscheln geöffnet haben. Das Muschelfleisch aus der Schale lösen und in einer Schüssel zugedeckt warm halten. Den Muschelsud durch ein Nesseltuch passieren.

Das Olivenöl in eine passende Pfanne geben und den Fenchel etwa 10 Minuten dünsten. Inzwischen in einem andern Topf die Butter zerlassen und das Mehl hineinrühren. Die Fischbrühe dazugeben und etwa 30 Minuten leicht köcheln lassen. Nun den Muschelsud sowie den in Pernod aufgelösten Safran beigeben. Mit Salz und Pfeffer würzen. Das Fenchelgemüse dazugeben. Aufkochen lassen, die mit Eigelb verrührte Sahne darunterziehen und langsam erhitzen, aber nicht mehr kochen. Sobald die Suppe etwas gebunden ist, das Muschelfleisch hineingeben. In einer vorgewärmten Suppenschüssel auftragen.

Für 4 Personen
3 kg lebende Miesmuscheln
2 dl trockener Weißwein
3 Schalotten, in dünne Scheiben geschnitten
2 Knoblauchzehen, zerdrückt
6 bis 8 Petersilienstengel
2 Fenchelknollen, halbiert, vom Strunk befreit und in feine Blättchen geschnitten
½ dl Olivenöl
50 g Butter
40 g Mehl
8 dl Fischbrühe
Salz, Pfeffer
Safran nach Belieben
1 Schuß Pernod
2 Eigelb
2 dl Sahne

## Makrelensuppe mit Wintergemüse und Fenchelkraut

Die Makrelenstücke in Wasser, mit Pfefferkörnern, Salz und mit drei Vierteln des Fenchelkrauts 10 Minuten köcheln lassen. Die Fischstücke herausnehmen und abkühlen lassen. Die Garflüssigkeit in einen zweiten Topf passieren und mit dem Zitronensaft einige Minuten köcheln lassen. Die Makrelenstücke sorgfältig enthäuten und entgräten. In einem flachen Topf das Öl leicht erhitzen und darin das Gemüse etwa 15 Minuten weich dünsten. Mit der Garflüssigkeit ablöschen, aufkochen lassen. Eigelb und Sahne vermengt mit dem restlichen, gehackten Fenchelkraut in die Suppe geben. Nicht mehr kochen! Die Fischstücke dazugeben und mit Salz abschmecken.

*Tip:* Die Suppe mit knusprigen Stangenbrotscheiben, mit Knoblauchbutter bestrichen und getoastet, servieren.

Für 4 Personen als Hauptgericht
4 Makrelen ohne Köpfe, gesäubert und in 2,5 cm große Stücke geschnitten
2 l Wasser
10 weiße Pfefferkörner
2 EL Salz
Kraut von 4 Fenchelknollen
3 EL Zitronensaft
8 EL Sahne
2 Eigelb
½ dl Olivenöl
1 Karotte, ½ Sellerie, 1 Lauchstengel, 1 Fenchel, alles sehr fein geschnitten

## Borschtsch mit geräuchertem Stör

**Für 4 Personen**
500 g geräucherter Stör, in 2 cm große Stücke geschnitten
50 g fetter Speck, in kleine Würfel geschnitten
3 mittelgroße Randen (rote Beten)
1 Karotte, 1 Petersilienwurzel, alles in Streifen geschnitten
Essig
2 EL Tomatenmark
1,2 l Gemüsebrühe
Salz
200 g Weißkohl, in feine Streifen geschnitten
2 Kartoffeln, in kleine Würfel geschnitten
1 Prise Zucker
2 Knoblauchzehen, mit Salz zerstoßen
4 EL Sauerrahm
1 EL gehackte Petersilie

Den Speck in einer schweren Pfanne erhitzen. Randen, Karotten und Petersilienwurzel mit etwas Essig und Tomatenmark beigeben und dünsten, bis alles weich ist. In der Zwischenzeit den Kohl in der Gemüsebrühe kochen. Nach 15 Minuten die Kartoffeln hinzufügen. Wenn diese gar sind, die gedünsteten Gemüse und den Stör dazugeben. Wieder zum Kochen bringen. Zucker, Knoblauch und, je nach Geschmack, einen Schuß Essig hinzufügen.

Die Suppe in vorgewärmte Suppenteller anrichten. Mit etwas Sauerrahm und gehackter Petersilie bestreuen und sofort servieren.

## Suppeneintopf mit Huhn, Lauch und Backpflaumen

Das Suppenhuhn in kaltem Wasser aufsetzen und zum Kochen bringen. Das Wasser abschütten und das Huhn kalt abspülen. In einen großen Topf 3 l Wasser geben und darin das Huhn und den Lauch mit dem Bouquet garni, den Gewürzen und dem Salz zum Kochen bringen. Den Schaum abschöpfen und das Huhn je nach Alter etwa 2 Stunden leicht köcheln lassen, bis es gar ist. Danach das Huhn herausnehmen, abtropfen lassen, in Stücke schneiden und warm stellen. Den Lauch und das Bouquet garni ebenfalls herausnehmen. Die Brühe passieren und wieder aufsetzen. Die Kartoffeln beigeben und weich kochen. Lauch, Sellerie und Karotten in 1 cm breite Streifen schneiden, zu den gekochten Kartoffeln geben und mit Piment abschmecken. Das warme Hühnerfleisch in die Suppenschüssel geben, die entsteinten und geviertelten Backpflaumen darüber verteilen und mit Suppe aufgießen. Mit gehackter Petersilie bestreuen und sofort servieren. Separat dazu in kleinen Schälchen Pickles aus roten Beten servieren.

**Für 6 Personen**
1 Suppenhuhn, 2,5 bis 2,8 kg schwer, ausgenommen, gewaschen und gebunden
1 kg weißer Lauch, geputzt und gewaschen, zusammengebunden
3 l Wasser
1 Bouquet garni, bestehend aus ½ Sellerieknolle, 2 Karotten, 1 Zwiebel, gespickt mit 1 Lorbeerblatt und 2 Nelken
8 zerdrückte Pfefferkörner
1 Stück Muskatblüte
4 bis 5 Petersilienstengel
4 mittelgroße Kartoffeln, gewürfelt
Salz
frisch gemahlener Piment
12 Backpflaumen
2 EL gehackte Petersilie
Randen-Pickles (Rezept siehe unten)

Zu kaltem Fleisch, aber auch zu Salaten und Käse zu empfehlen

## Randen-Pickles

Die Randen in Salzwasser mit Kümmel weich kochen (2 bis 2½ Stunden). Den Essig mit den Gewürzen aufkochen und erkalten lassen. Aus den gekochten, geschälten Randen mit dem Pariserlöffel Kugeln ausstechen und in Einmachgläser füllen. So viel von dem erkalteten Essig über die Randenkugeln gießen, daß sie vollständig bedeckt sind. Die Gläser gut verschließen und an einem kühlen Platz aufbewahren.

*Tip:* Die Reste der Randen können für eine Suppe verwendet werden.

**Ergibt etwa 1 kg**
2 kg Randen (rote Beten)
Salz
1 EL Kümmel
6 dl weißer Essig
2 Lorbeerblätter
2 Nelken
½ TL Cayennepfeffer
1 TL Ingwerpulver
4 Pfefferkörner

# *WINTERMÄRCHEN*

*Schneeflocken tanzen. Eingewickelt in Schal und Mütze, klopfe ich den Schnee von den Schuhen und trete in die warme Stube ein. Die Nase läuft, die Ohren werden rot, die Hände kribbeln, der Hunger auf etwas Kräftiges, Deftiges macht sich bemerkbar.*
*Das waren herrliche Zeiten, damals, bei Großmutter und Großvater!*

## Ochsenschwanzsalat mit Kartoffeln und Apfelperlen

**Für 4 Personen**
30 g Fett oder Öl
1 Ochsenschwanz
einige Speckabschnitte
250 g Röstgemüse (Zwiebeln, Sellerie und Karotten, in Würfel geschnitten)
30 g Tomatenmark
3 dl Weißwein
3 l Bouillon
½ dl Cognac
1 dl Madeira
Salz, Rosmarin, Thymian

**Salatsauce**
2 EL Rotweinessig
4 EL Distelöl
Salz und Pfeffer

**Zum Anrichten**
2 mittelgroße Kartoffeln, in sehr dünne Scheiben geschnitten
20 g Gänseschmalz oder Butter
etwas Salz
2 Äpfel
frischer Meerrettich
1 Bund Schnittlauch

Den Ochsenschwanz in Scheiben schneiden und würzen, in einer Kasserolle im Fett gut anbraten. Die Speckabschnitte und das Röstgemüse dazugeben und etwa 20 Minuten mitrösten. Tomatenmark beigeben, mit Weißwein ablöschen und alle übrigen Zutaten hinzufügen. Das Ganze etwa 2½ bis 3 Stunden auf kleinem Feuer schmoren. Die Ochsenschwanzstücke herausnehmen, das Fleisch von den Knochen lösen. Etwa 3 dl Ochsenschwanzbrühe in eine flache Kasserolle geben und die Fleischstücke darin weiterschmoren, bis sie stark zerfallen. Die Salatsauce zubereiten und den Ochsenschwanz noch leicht warm hineingeben.

In einer Teflonpfanne Gänseschmalz oder Butter erhitzen. Die Kartoffeln nebeneinander hineinlegen und beidseitig braten, leicht salzen und rosettenartig auf 4 Teller anrichten. Aus den Äpfeln mit dem Pariserlöffel etwa 20 Kugeln ausstechen, in Schmalz oder Butter braun braten. Den angemachten Ochsenschwanzsalat in die Mitte der Kartoffelrosette anrichten, die Apfelperlen rund herum verteilen, mit frisch geraspeltem Meerrettich und feingeschnittenem Schnittlauch bestreuen.

*Tip:* Die Brühe kann passiert werden und ergibt mit Ochsenschwanzfleisch, Portwein und Gemüsewürfelchen eine herrliche, kräftige Wintersuppe.

# Ochsenbrust in Gemüsegelee mit Walnüssen

Die Ochsenbrust mit 1 Bund gewaschenem, grob zerteiltem Suppengemüse, der ungeschälten, mit Lorbeer und Nelken gespickten Zwiebel, der geschälten Knoblauchzehe und den Petersilienstengeln ins kalte Wasser geben und zum Kochen bringen. Salzen und bei schwacher Hitze 2 Stunden ungedeckt köcheln lassen. Die Brühe immer wieder abschäumen, bis sie sehr klar ist. Den zweiten Bund Suppengemüse putzen, waschen und in feine Würfelchen schneiden. Diese in kochendem Wasser blanchieren und in Eiswasser abschrecken, dann in einem Sieb abtropfen und auf einem Tuch trocknen lassen.

Die Gelatine in kaltem Wasser einweichen. Die Ochsenbrust aus der Brühe nehmen, in kleine Würfel schneiden. Die Brühe kräftig einkochen. Davon 3,5 dl abmessen und mit etwas Salz, Pfeffer und Weinessig abschmecken. Die ausgedrückte Gelatine in der noch warmen Brühe auflösen, den feingeschnittenen Schnittlauch, die gehackte Petersilie und die Walnüsse dazugeben.

Eine Terrinenform von 600 g Inhalt etwa 2 cm dick mit dem flüssigen Aspik ausgießen, dann für etwa 10 Minuten in den Tiefkühler stellen. Die Gemüse- und die Ochsenbrustwürfel mischen, unter den Aspik heben und in die Form füllen. Das Ganze etwa 24 Stunden im Kühlschrank durchkühlen lassen. Vor dem Servieren die Form kurz in warmes Wasser tauchen und die Sülze vorsichtig auf ein Schneidebrett stürzen. Mit einem dünnen, scharfen Messer portionieren.

Aus den angegebenen Zutaten eine Salatsauce herstellen. Die Salatblätter durch die Sauce ziehen, auf Teller anrichten, mit Champignonstreifen, Radieschenscheiben, Preiselbeeren und frisch geraspeltem Meerrettich bestreuen. Darauf je eine Scheibe Ochsenbrustsülze legen.

*Tip:* Diese Sülze kann auch mit Trüffeln oder anderen Pilzen hergestellt werden.

### Für etwa 6 Personen

250 g magere Ochsenbrust (ohne Knochen)
3 l Wasser
2 Bund Suppengemüse (Sellerie, Lauch, Karotten)
2 Lorbeerblätter
2 Nelken
1 Zwiebel
1 Knoblauchzehe
einige Petersilienstengel
9 Blatt weiße Gelatine
1 TL Salz
Pfeffer
5 EL Weißweinessig
1 Bund Schnittlauch
1 Bund Petersilie
50 g gehackte Walnüsse

### Salat

½ Lollo rosso
½ Frisée
10 Radieschen
10 Champignons
1 EL Preiselbeeren, süß-sauer eingelegt (siehe «Herbst in der Küche»)
frischer Meerrettich

### Sauce

4 EL Estragonessig
6 EL Walnußöl
Salz und Pfeffer

# *DAS HOROSKOP DES STEINBOCKS*
## *22. Dezember bis 20. Januar*

*Das oberste Gebot des Steinbocks lautet «Planung und Sicherheit». Sei es im Beruf, im Privatleben oder in der Freizeit: der Steinbock hat Ziele, schaut in die Zukunft und ist ganz auf Sicherheit ausgerichtet. Deshalb hat auch die Arbeit Vorrang vor dem Privatleben.*

*Steinböcke sind ehrgeizige, anständige Menschen, auf die man zählen kann. Sie sind solide, überlegt und vorausschauend. Sie sind sparsam, aber nicht geizig. Selbstdisziplin steht an erster Stelle, und diese verlangen sie auch von Freunden, Kollegen und vom Partner. Aufrichtigkeit, Treue und Beständigkeit sind für sie selbstverständliche Tugenden.*

*Steinböcke pflegen und genießen die Errungenschaften der Eß- und Trinkkultur. Sie schätzen eine kräftige, aber verfeinerte Kost. Sie suchen keine exotischen Extravaganzen, viel wichtiger ist ihnen die Verbundenheit mit der Natur und den Jahreszeiten. Die Weine verstehen sie harmonisch mit den Speisen zu kombinieren.*

## Geburtstagsdiner für den Steinbock

Gefüllter, geräucherter Schweinsfuß «Zamponi» auf Kohlsalat

***

Miesmuschelsuppe mit Kartoffeln und Safran
Zimtbrötchen

***

Braisierter Hahn in Rotwein
Pilawreis

***

Tabakrollen mit eingemachten Beeren

## Gefüllter, geräucherter Schweinsfuss «Zamponi»

**Für 8 bis 10 Personen**
1 Schweinsfuß von etwa 900 g
300 g durchwachsenes Schweinefleisch (Hals)
150 g frischer Speck
10 g Gewürzmischung, bestehend aus Majoran, Thymian, Paprika, Kümmelpulver, weißem Pfeffer und Muskatblüte
6 Wacholderbeeren, zerdrückt
2 Knoblauchzehen, in feine Scheiben geschnitten
Salz
250 g rohes Kasselerfleisch, geräuchert und gesalzen, in 1 cm große Würfel geschnitten
30 g eingelegte Trüffeln (Rezept Seite 135), in kleine Würfel geschnitten
40 g Walnüsse
40 g Pistazien
50 g Portwein

Den geputzten, von den Borsten befreiten und gebrühten Schweinsfuß vollständig (bis auf die Zehen) auslösen, so daß nur die Schwarte übrigbleibt. Vorsicht beim Auslösen: Nicht in die Schwarte schneiden! Das ausgelöste Fleisch, den Schweinehals und den Speck in Würfel schneiden. Mit den Gewürzen und dem Knoblauch bestreuen, zudecken und 2 bis 3 Stunden kühl stellen. Das Gemisch zweimal durch die feinste Scheibe des Fleischwolfs treiben. Die übrigen Zutaten gut untereinanderrühren und mit der Farce vermengen. Mit Salz und Pfeffer nachwürzen. Den Schweinsfuß füllen, jedoch nicht zu prall. Mit einem Bindfaden zunähen. (Das Zunähen geht leichter, wenn Sie die Nadel mit einer Spitzzange führen.) Den gefüllten Schweinsfuß rundum mehrmals einstechen, damit die Luft beim Garen entweichen kann. Den Fuß kurz heiß anräuchern (siehe Rezept «Mit Tannenreisig geräucherte Lammrückenfilets», Seite 48). Den Fuß gut in eine alte Serviette einbinden und in einer Rinderbrühe etwa 3½ Stunden bei 80 Grad garen. In der Brühe erkalten lassen. In ½ cm dicke Scheiben schneiden und auf Kohlsalat anrichten (siehe Rezept «Rustikaler Kohlsalat», Seite 117).

# Miesmuschelsuppe mit Kartoffeln und Safran

In einem großen Topf die Hälfte des Olivenöls erhitzen und die Zwiebeln darin glasig dünsten. Knoblauch und Lauchstreifen dazugeben und weiterdünsten. Mit Fischsud oder Wasser auffüllen, aufkochen lassen, dann Kartoffeln, Orangenschale, Zitronensaft und Safran beigeben und alles leicht köcheln lassen.

Das restliche Olivenöl in einer flachen Pfanne erhitzen, die geschlossenen Miesmuscheln dazugeben, sofort mit Weißwein ablöschen und die Pfanne zudecken. Bei hoher Temperatur so lange dämpfen, bis sich alle Muscheln geöffnet haben. Die Muscheln aus der Schale lösen und warm stellen, den Muschelsud durch ein feines Sieb zur Suppe gießen. Die Suppe mit Pernod, Salz und Pfeffer abschmecken und mit Sahne verfeinern. Unmittelbar vor dem Servieren die ausgelösten Muscheln in vorgewärmte Teller oder Tassen verteilen. Die Suppe dazugeben und mit gehackter Petersilie bestreuen.

Das Stangenbrot in dünne Scheiben schneiden, mit Butter bestreichen, mit wenig Zimtpulver bestreuen und toasten. Separat zur Suppe servieren.

**Für 8 Personen**

1,5 kg Miesmuscheln, abgebürstet (Bart entfernt)
0,8 dl Olivenöl
1 kleine Zwiebel, in feine Scheiben geschnitten
2 gehackte Knoblauchzehen
1 weißer Lauchstengel, der Länge nach halbiert und in feine Streifen geschnitten
2 mittelgroße Kartoffeln, geschält und in feine Scheibchen geschnitten
1 kleine Orange (abgeriebene Schale)
1 Zitrone (Saft)
2 l Wasser oder leichter Fischsud
Salz und Pfeffer
gemahlener Safran
1 EL Pernod
2 dl trockener Weißwein
2 dl Sahne
2 EL gehackte Petersilie
1 französisches Stangenbrot
40 g Butter
Zimtpulver

# Braisierter Hahn in Rotwein

**Für 8 Personen**
2 Hähne vom Bauernhof, nicht zu alt, ausgenommen, etwa 1,5 kg schwer
Salz und frisch gemahlener Pfeffer
Majoran
3 EL Olivenöl
3 mittelgroße Karotten, in 3 cm lange Stücke geschnitten
200 g Magerspeck (in 2 Tranchen), in ½ cm breite Streifen geschnitten
3 mittelgroße, grobgehackte Zwiebeln
2 EL Mehl
4 EL Cognac
8 dl kräftiger Rotwein
1 Zweiglein Thymian
1 Lorbeerblatt
Petersilienstengel
2 Knoblauchzehen, zerquetscht

**Garnitur**
24 kleine Silberzwiebeln, abgezogen
170 g Butter
250 g kleine Champignons, gewaschen und trockengetupft
2 EL gehackte Petersilie

Die Hähne in Portionenstücke zerteilen, mit Salz, Pfeffer und Majoran würzen. Die Speckstreifen in einer großen gußeisernen Pfanne rösten, herausnehmen, etwas Öl nachgießen und darin die Hähnchenstücke gut anbraten. Das Fleisch in ein Bratgeschirr geben, das restliche Öl in die Bratpfanne gießen, Zwiebeln und Karotten nicht zu heiß rösten. Knoblauch und Gewürze beigeben, mit Mehl bestäuben, kurz dünsten und mit Cognac und Rotwein ablöschen. Diese Gemüse-Rotwein-Sauce zum Hähnchenfleisch geben. Im vorgeheizten Ofen bei 180 Grad etwa 30 bis 45 Minuten zugedeckt schmoren lassen. (Die Garzeit richtet sich nach dem Alter der Hähne und kann bei älteren Exemplaren bis zu 1½ Stunden dauern; in diesem Fall noch etwas Wein nachgießen.)

In der Zwischenzeit die Silberzwiebeln mit Salz und Pfeffer würzen und in etwas Butter bei nicht zu großer Hitze braten. Dabei die Pfanne hin und wieder rütteln. Den Deckel auflegen, damit die Zwiebeln nicht zu braun werden. Vor dem Anrichten noch ein Stück Butter dazugeben. Die Champignons zu den Zwiebeln geben und die Pfanne mehrmals schwenken. Zuletzt die ausgelassenen Speckstreifen dazugeben. Die Geflügelstücke und die Karotten herausnehmen und anrichten. Die Sauce entfetten und im Mixer fein pürieren, aufkochen und eventuell noch etwas einkochen lassen, über die Hähnchen geben. Silberzwiebeln, Champignons und Speck darüber verteilen und mit Petersilie bestreuen.

*Tip:* Als Beilage paßt ausgezeichnet Trocken- oder Pilawreis.

# Tabakrollen, mit eingelegten Beeren gefüllt

Zucker und Eigelb schaumig rühren, Wein und Salz dazugeben. Das Mehl mit der Butter verreiben und die Eiercreme darunterarbeiten. Den Teig zu einem länglichen Rechteck ausrollen, dreifach zusammenfalten und an der Kühle, mit Frischhaltefolie zugedeckt, 1 Stunde ruhen lassen. Diesen Vorgang wie bei einem Blätterteig mehrmals wiederholen.

Danach den Teig messerrückendick ausrollen, in runde oder viereckige Stücke schneiden, die einzelnen Stücke um etwa 10 cm lange und 1,5 cm dicke Rollenhölzchen wickeln. Mit weißem Bindfaden leicht umbinden. Im heißen Öl (160 bis 170 Grad) schwimmend hellbraun backen. Nach dem Abtropfen die Biskuitrollen von den Hölzchen ziehen und erkalten lassen. Die Schlagsahne mit den Beeren vermischen und in die Rollen einfüllen. Mit Zimtzucker bestreuen.

**Für 8 Personen**
4 Eigelb
4 EL Zucker
4 EL Weißwein
1 Prise Salz
250 g Mehl
125 g Butter
Öl zum Ausbacken
2 dl Sahne, steif geschlagen
320 g eingemachte Beeren (siehe «Sommer in der Küche») oder ersatzweise tiefgekühlte Beeren (Himbeeren, Heidelbeeren, Erdbeeren, Johannisbeeren und Brombeeren)
Zimtzucker zum Bestreuen

# TRÜFFELSCHNÜFFLER

*Die Saison der Wintertrüffeln dauert von Ende Dezember bis März. Abgerichtete Hunde schnüffeln nach dem schwarzen Gold, das bis 30 cm unter der Erde in Symbiose mit Eichen und Pappeln wächst. Die besten Wintertrüffeln kommen aus Frankreich. Früher wurden für die Trüffelsuche auch abgerichtete Schweine eingesetzt, die dann aber die gefundenen Köstlichkeiten oft nicht freigaben, sondern sofort verschlangen.*
*Hunderte von Trüffelrezepten krönen Abertausende von Kochbüchern. Ich habe ganz bewußt auf Kombinationen mit Gemüse, Fisch oder Fleisch verzichtet. Vielmehr möchte ich Trüffeln als Bestandteil süßer Speisen vorstellen.*
*Süße Trüffelgerichte sind Gedichte – und der delikate Höhepunkt eines gelungenen Menüs!*

## Eingelegte Trüffeln

Die Trüffeln zusammen mit den übrigen Zutaten in ein Sterilisierglas geben. Darauf achten, daß die Flüssigkeit die Trüffeln vollständig bedeckt. Das Glas verschließen und etwa 1 bis 2 Monate an der Kühle stehenlassen (8 bis 10 Grad).

1 kg schwarze Trüffeln, sauber gebürstet und geputzt
5 dl Cognac
3 dl Sherry
3 dl Noilly Prat

Kann bei einem mehrgängigen Menü anstelle eines Sorbets als Zwischengang serviert werden

## Süsse Apfel-Trüffel-Suppe

Die Butter in einem Topf zerlassen. Die Äpfel darin bei schwacher Hitze 5 Minuten glasig dämpfen. Den Zucker und das Wasser dazugeben und etwa 10 Minuten schwach köcheln lassen, bis die Äpfel verkocht sind. Zimt, Zitronenschale und Zitronensaft beifügen. Die Mischung mit dem Wein und der Trüffelmarinade im Mixer pürieren. Zuletzt die feingehackten Trüffeln und den Sauerrahm darunterziehen und im Kühlschrank gut durchkühlen lassen. In Suppentellern oder Tassen servieren.

Für 8 Personen
1 kg säuerliche Kochäpfel, geschält, Kerngehäuse entfernt, in Scheiben geschnitten
60 g Butter
180 g Zucker
1 dl Wasser
1 TL Zimt
½ TL abgeriebene Zitronenschale
4 EL Zitronensaft
5 dl Riesling
4 EL Trüffelmarinade (Rezept «Eingelegte Trüffeln», Seite 135)
50 g gehackte eingelegte Trüffeln (Rezept Seite 135)
2 dl Sauerrahm

## Trüffelquarktorte

**Für eine Form von 26 cm Durchmesser**

**Mürbeteig**
210 g Mehl
120 g Butter
60 g Puderzucker
1 Eigelb
½ Zitrone (fein abgeriebene Schale)

**Füllung**
4 Eigelb
200 g Zucker
1 Orange (abgeriebene Schale)
1 Msp Salz
2½ dl Milch
7 Blatt Gelatine
50 g Trüffelmarinade (Rezept «Eingelegte Trüffeln», Seite 135)
50 g eingelegte Trüffeln (Rezept Seite 135)
500 g Speisequark
5 dl Sahne
Puderzucker zum Bestreuen

Für den Mürbeteig Mehl, Puderzucker und Butter mit den Händen gut verreiben. Eigelb dazugeben und zu einem Teig wirken. In Klarsichtfolie einschlagen und an der Kühle 1 Stunde ruhen lassen. Den Teig zu zwei Böden von 26 cm Durchmesser auswallen. Auf Backpapier im vorgeheizten Ofen bei 200 Grad hellbraun ausbacken. Auskühlen lassen.

In der Zwischenzeit die Füllung zubereiten: Eigelb, Zucker, Salz und gehackte Trüffeln mit der Milch kräftig verrühren. Bei mittlerer Hitze bis kurz vors Kochen bringen (nicht kochen), zur Rose abkochen, bis die Masse leicht dickflüssig wird. Die in kaltem Wasser eingeweichte und gut ausgepreßte Gelatine mit der Trüffelmarinade in die heiße Creme geben. Den Quark durch ein Sieb in eine Schüssel passieren und mit der noch warmen Creme übergießen. Gut untereinanderrühren, bis eine glatte Masse entsteht. Sobald sie abgekühlt ist, die steifgeschlagene Sahne darunterziehen. Einen Tortenring um den Mürbeteigboden stellen, die Masse einfüllen, die Oberfläche mit einem Teigschaber glattstreichen und die Torte 2 bis 3 Stunden kühl stellen. Den Tortenring entfernen, den zweiten Mürbeteigboden darauf legen und leicht andrücken.

Die Torte in die gewünschte Anzahl Stücke teilen, solange der Boden noch warm ist, da er sonst bricht. Mit Puderzucker bestreuen und servieren.

## Trüffelsoufflé

Die Milch mit der Hälfte des Zuckers und den gehackten Trüffeln zum Kochen bringen. Mehl und Kartoffelstärke mit etwas Milch anrühren, die Flüssigkeit abbinden. Kräftig durchkochen lassen. Vom Feuer nehmen. Die Eigelb einzeln unterziehen. Den passierten Quark zugeben. Die Trüffelmarinade und die Zitronenschale unterrühren. Das Eiweiß mit dem restlichen Zucker zu steifem Schnee schlagen und vorsichtig unterheben. Die Masse in eine gebutterte und mit Zucker ausgestreute Souffléform füllen, die Oberfläche glattstreichen. Die Form in ein Wasserbad von mindestens 80 Grad stellen. Der Wasserspiegel sollte bis zur halben Höhe der Form reichen. Bei 220 Grad im vorgeheizten Ofen 45 Minuten backen. Nach Wunsch vor dem Servieren mit Puderzucker bestreuen.

Für 4 Personen
2,5 dl Milch
130 g Zucker
15 g eingelegte Trüffeln, fein gehackt (Rezept Seite 135)
20 g Kartoffelstärke
20 g Mehl
5 Eigelb
300 g Speisequark
30 g Trüffelmarinade (Rezept «Eingelegte Trüffeln», Seite 135)
5 Eiweiß
1 Zitrone (abgeriebene Schale)
Butter und Zucker für die Form

## Mit Trüffelsabayon überbackene Birnen

Weißwein, Wasser, Sherry, Zucker und Gewürze aufkochen. Die nicht entstielten Birnen schälen und so halbieren, daß der Stiel der Länge nach geteilt wird. Das Kerngehäuse entfernen und die Birnen in den kochenden Fond geben. Den Deckel auflegen, die Birnen kurz aufkochen, vom Feuer nehmen und im Fond erkalten lassen. Dann herausnehmen und gut abtropfen lassen. Die Birnen der Länge nach in dünne Scheiben schneiden, wobei sie beim Stielansatz noch zusammenhalten müssen. Die Trüffelmousse in ein feuerfestes Geschirr geben und die Birnen darauf anrichten.

Für das Sabayon Eigelb, Zucker, Trüffelmarinade, Weißwein und Zitronensaft im kochenden Wasserbad zu einer cremigen Masse aufschlagen, dann kalt schlagen und zuletzt die Sahne daruntermischen. Die Trüffeln über die Birnen verteilen. Mit dem Sabayon gleichmäßig bedecken. Auf der obersten Rille des vorgeheizten Backofens (stärkste Oberhitze) kurz gratinieren. Mit Puderzucker bestreuen und sofort servieren.

Für 4 Personen
4 reife Birnen (Gute Luise)
2½ dl Weißwein
1 dl Wasser
½ dl trockener Sherry
200 g Zucker
1 Vanilleschote, längs halbiert
1 Nelke
1 Ingwerwurzel
4 EL Trüffelmousse (Rezept Seite 139)
Puderzucker

Trüffelsabayon
2 Eigelb
90 g Zucker
0,2 dl Trüffelmarinade (Rezept «Eingelegte Trüffeln», Seite 135)
½ dl Weißwein
1 Zitrone (Saft)
1 dl geschlagene Sahne
10 g sehr fein gehobelte Trüffeln

## Trüffelsahneeis

**Für etwa 6 bis 8 Portionen**
2,5 dl Milch
2,5 dl Sahne
15 g eingelegte, feingehackte Trüffeln (Rezept Seite 135)
30 g Trüffelmarinade (Rezept «Eingelegte Trüffeln», Seite 135)
4 Eigelb
110 g Zucker

Milch und Sahne zusammen aufkochen. Inzwischen Eigelb, Trüffelmarinade, gehackte Trüffeln und Zucker schaumig rühren. Die kochende Milch-Sahne-Mischung zur Eigelbmasse gießen, rühren und in das Kochgeschirr zurückgeben. Zur Rose abkochen, also die Masse unter ständigem Rühren auf schwachem Feuer auf etwa 80 bis 85 Grad erhitzen, so daß das Eigelb bindet (aber nicht gerinnt). Den Topf sofort in Eiswasser stellen und auskühlen lassen. Anschließend die Masse in der Eismaschine gefrieren.

## Gefrorenes Nougatparfait mit Trüffeln an Aprikosensauce mit Perzipan

**Für 8 Personen**
200 g Honig
80 g Puderzucker
30 g Trüffelmarinade (Rezept «Eingelegte Trüffeln», Seite 135)
4 Eiweiß
8 dl Sahne
50 g Datteln, entsteint, grob gehackt
50 g kandierte Kirschen, grob gehackt
30 g kandierte Orangen, fein gehackt
50 g gemischte kandierte Früchte, fein gehackt
60 g halbe Walnußkerne
50 g gehobelte Mandeln
40 g eingelegte Trüffeln, grob gehackt (Rezept Seite 135)

**Aprikosensauce**
16 eingemachte Aprikosen (siehe «Sommer in der Küche»)
1 Zitrone
40 g Puderzucker

Honig, Puderzucker und Trüffelmarinade in einem Topf auf 50 Grad erwärmen (Temperatur mit einem Thermometer kontrollieren). Das Eiweiß fast steif schlagen, in den heißen Honigsirup geben und verquirlen, bis die Mischung abgekühlt ist. Dann abwechslungsweise die geschlagene Sahne und die übrigen Zutaten darunterziehen. Sofort in eine passende Cakeform einfüllen und gefrieren lassen. Für die Aprikosensauce die Aprikosen abgießen, entsteinen, 2 Aprikosensteine mit einem Hammer aufschlagen und die Kerne fein hacken (Perzipan). Aprikosen und Perzipan zusammen pürieren und mit dem Puderzucker vermengen. Auf vorgekühlte Teller anrichten. Das Nougatparfait in Scheiben schneiden und auf die Fruchtsauce legen.

*Perzipan:* Bäcker und Konditoren auf dem Lande stellten früher aus den Kernen von Aprikosen und Zwetschgen Perzipan her, weil Mandeln damals zu teuer waren.

## Trüffelmousse

Couverture in einer Schüssel im Wasserbad zum Schmelzen bringen. Mascarpone, gehackte Trüffeln und Magerquark vermengen. Trüffelmarinade kurz erwärmen und die in kaltem Wasser eingelegten und gut ausgedrückten Gelatineblätter darin auflösen. Couverture, Mascarponegemisch und Trüffelmarinade untereinandermischen. Die Vanilleschote aufschlitzen, das Vanillemark herauskratzen und mit der Schlagsahne unter die Schokolademischung heben, ebenso den Eischnee. Die Mousse sofort in passende Formen abfüllen und im Kühlschrank etwa 5 Stunden fest werden lassen.

*Tip:* Dazu passen ausgezeichnet ein Orangensalat oder rohe, geschälte Apfel- oder Birnenspalten.

Für 8 bis 10 Personen
200 g weiße Schokoladecouverture
180 g Mascarpone
80 g Trüffelmarinade (Rezept «Eingelegte Trüffeln», Seite 135)
40 g eingelegte Trüffeln, gehackt (Rezept Seite 135)
140 g Magerquark
4 Blatt Gelatine
400 g geschlagene Sahne
200 g geschlagenes Eiweiß
1 Vanilleschote

## Weisse Schokoladetrüffeln mit schwarzen Trüffeln

Die Couverture in kleine Stücke brechen und mit dem Doppelrahm und der Butter unter ständigem Rühren im Wasserbad schmelzen. Von der Kochstelle nehmen und etwas abkühlen lassen. Das Ei unter den Puderzucker rühren, mit der Trüffelmarinade und den gehackten Trüffeln vermischen. Die lauwarme Schokolademasse unter ständigem Rühren in einem dünnen Strahl nach und nach dazugeben. Die Masse abkühlen und fest werden lassen. Dann mit einem Pariserlöffel Kugeln ausstechen und diese sofort in feingeriebener weißer Schokolade oder weißen Schokoladestreuseln wälzen.

Ergibt etwa 450 g
330 g weiße Schokoladecouverture
2 EL Doppelrahm
50 g Butter
1 Ei, geschlagen
2 EL Trüffelmarinade (Rezept «Eingelegte Trüffeln», Seite 135)
20 g eingelegte Trüffeln, fein gehackt (Rezept Seite 135)
20 g Puderzucker, gesiebt
50 g feingeriebene weiße Schokolade oder 40 g weiße Schokoladestreusel

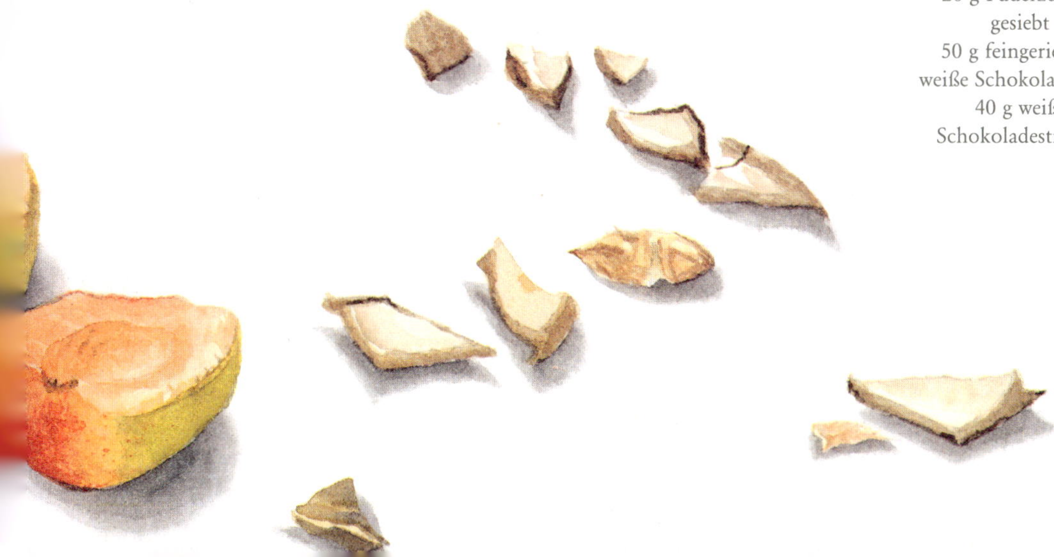

# *APFEL- UND BIRNENGERICHTE AUS DER GUTEN ALTEN ZEIT*

*Adams und Evas Zeiten sind längst vorbei, aber von einem herrlichen Apfelgericht lassen sich die Menschen immer noch gerne verführen.*
*Übrigens: Wer viel Äpfel ißt, bleibt jung und schön. Und wer den Tag mit einem saftigen, ungeschälten Apfel beginnt, trägt viel zur Erhaltung oder Wiedererlangung seiner schlanken Linie bei.*
*Früher war die Adventszeit die Zeit des Fastens. Mit den nachfolgenden Apfel- und Birnengerichten wird die Fastenzeit bestimmt nicht zur Leidenszeit.*

## Geflügellebermousse mit Apfelsalat und süss-sauren Preiselbeeren

**Für eine Form von etwa 1,5 l Inhalt**
400 g Geflügelleber
400 g flüssige Butter
4 kleine Schalotten, gehackt
30 g Butter
1 mittelgroßer Apfel, geschält und entkernt
400 g Eier (ohne Schale gewogen)
½ dl Cognac
½ dl Madeira
Salz, Pfeffer und Majoran

**Apfelsalat**
3 mittelgroße Äpfel, geschält und entkernt
1 Zitrone
1½ dl geschlagene Sahne
Sauerampferblätter oder Feldsalat
1 bis 2 EL süß-sauer eingelegte Preiselbeeren (siehe «Herbst in der Küche»)

Die Schalotten in 30 g Butter glasig dünsten und auskühlen lassen. Mit der Geflügelleber und dem Apfel durch die feinste Scheibe des Fleischwolfs drehen. Die Masse im Cutter fein mixen und nach und nach die Eier und die fast kalte, noch flüssige Butter, ebenso Cognac, Madeira und die Gewürze, beigeben. Die gut abgeschmeckte Masse durch ein feines Sieb streichen und in die Terrinenform füllen. Für 3 bis 4 Stunden kühlstellen. Anschließend zugedeckt im Wasserbad bei 80 Grad 1 Stunde und 20 Minuten pochieren. Die Kerntemperatur darf nicht über 60 Grad steigen. Die fertige Terrine über Nacht im Kühlraum oder Kühlschrank gut durchkühlen lassen.

Für den Salat die Äpfel in kleine Würfel schneiden, mit Zitronensaft beträufeln und mit geschlagener Sahne vermengen. Auf Sauerampfer oder Feldsalat anrichten. Mit Preiselbeeren bestreuen. Dazu servieren Sie schöne Kugeln von Geflügellebermousse, die Sie mit einem Eislöffel ausgestochen haben.

Getoastetes Schwarzbrot schmeckt ausgezeichnet zu diesem Gericht!

## DER BRATAPFEL

Kinder, kommt und ratet,
was im Ofen bratet!
Hört, wie's knallt und zischt.
Bald wird er aufgetischt,
der Zipfel, der Zapfel,
der Kipfel, der Kapfel,
der gelbrote Apfel.

Kinder, lauft schneller,
holt einen Teller,
holt eine Gabel!
Sperrt auf den Schnabel
für den Zipfel, den Zapfel,
den Kipfel, den Kapfel,
den goldbraunen Apfel!

Sie pusten und prusten,
sie gucken und schlucken,
sie schnalzen uznd schmecken,
sie lecken und schlecken
den Zipfel, den Zapfel,
den Kipfel, den Kapfel,
den knusprigen Apfel.

AUS EINEM BAYERISCHEN LESEBUCH

## Im Ofen geschmorte Äpfel

**Für 4 Personen**
4 schöne Boskop-Äpfel
4 EL Quittengelee (siehe «Herbst in der Küche»)
2 EL geriebene Mandeln
1 EL Zitronensaft
Butter für die Form
½ dl Weißwein
1 EL Zucker
1 EL Mandeln, gehobelt

Die Äpfel waschen, den Stiel entfernen und das Kerngehäuse von oben her sorgfältig ausstechen. Den Quittengelee mit den Mandeln und dem Zitronensaft vermischen. Die Äpfel damit füllen. Eine runde Auflaufform mit Butter ausstreichen. Die Äpfel hineinstellen, den Wein dazugießen. Die Form mit Aluminiumfolie abdecken und im Backofen bei 190 Grad 40 Minuten schmoren lassen. Nach 30 Minuten kontrollieren, ob die Äpfel gar sind. Sie dürfen nicht zerfallen. Die Äpfel mit Zucker bestreuen und ungedeckt weitere 10 Minuten im Ofen lassen. Inzwischen die Mandeln in einer Bratpfanne ohne Fettzugabe hellbraun rösten und anschließend über die Äpfel streuen. Die Äpfel heiß oder lauwarm servieren.

*Als meine Freunde, die Bäume, blühten, die hellgrünen Blätter sprossen, die Vögel ihre Nester darin bauten und ihren nimmersatten Nachwuchs unter Gezwitscher versorgten, da war die Welt noch in Ordnung.*
*Die Äpfel, Birnen und Nüsse sind gelesen, der Wind hat die letzten Blätter weggefegt. Die Bäume stehen kahl und verlassen da – wie tot. Der Schnee deckt die Jahreszeiten zu. Wo ist die Welt geblieben?*
*Erinnerungen werden wach. Vergangenes wird gegenwärtig. Beim Verarbeiten der Früchte in der Küche gerät man ins Träumen.*

## Apfelauflauf mit Aprikosen

Für etwa 4 bis 6 Personen
450 g säuerliche Äpfel, geschält und entkernt
70 g getrocknete Aprikosen, über Nacht eingeweicht und abgetropft
90 g grobe frische Weißbrotbrösel
40 g zerlassene Butter
45 g grobgehackte Mandeln
1 kleine Orange (abgeriebene Schale)
80 g Rohzucker
20 g Butter in Flöckchen
2 dl Doppelrahm

Die Äpfel in grobe Streifen hobeln. Die Aprikosen grob hacken. Beides mit den Mandeln vermischen. Die Brotbrösel in der zerlassenen Butter schwenken, bis diese gleichmäßig aufgesogen ist. Den Boden einer 8 dl fassenden Auflaufform mit einer dünnen Schicht Brotbrösel bedecken, darüber eine Lage Apfelmischung verteilen. Mit etwas Orangenschale und Zucker bestreuen. Die Form abwechselnd mit Bröseln und Apfel-Aprikosen-Mandel-Mischung füllen, mit einer Schicht Brotbrösel abschließen. Butterflöckchen darüber verteilen und mit dem restlichen Zucker bestreuen. Im vorgeheizten Backofen bei 190 Grad etwa 40 Minuten backen, bis der Auflauf goldbraun ist. Den Doppelrahm separat dazu servieren.

## Apfelkonfekt

Ergibt etwa 1,5 kg
8 mittelgroße Äpfel (Boskop), geschält und klein geschnitten
125 g Wasser
400 g brauner Rohrzucker
30 g Gelatineblätter
125 g Haselnüsse
1 EL Zitronensaft
1 TL Zimt
75 g Puderzucker
1 EL Maisstärke

Apfelstücke mit dem Wasser weich kochen. Die gekochten Äpfel durch ein Sieb streichen und den braunen Rohrzucker hinzufügen. Die Mischung unter häufigem Rühren bei schwacher Hitze etwa 30 Minuten kochen, bis sie eindickt. Die in kaltem Wasser eingelegte Gelatine gut ausdrücken und unter das heiße Apfelpüree rühren (Topf vorher vom Feuer nehmen). Die Masse im Kühlschrank etwas fester werden lassen. Die Haselnüsse hacken, mit Zimt und Zitronensaft vermischen und unter die Apfelmischung heben. Alles in eine viereckige Form geben und etwa 1 cm hoch ausstreichen. Im Kühlschrank ganz abkühlen lassen. Dann in Quadrate von etwa 2 cm Seitenlänge schneiden. Den Puderzucker und die Maisstärke sieben und vermischen. Die Apfelquadrate darin wälzen.

## Apfeltorte nach Madame Tatin

**Für 4 Personen**
1 kg Äpfel (am besten Boskop)
60 g Butter
80 g Zucker
1 kleine Prise Zimt
1 kleine Prise Vanillezucker
50 g gehackte Pistazien

**Geriebener Teig**
150 g Mehl
90 g Butter
1 EL Wasser
1 Prise Salz

Für den geriebenen Teig das Mehl und die Butter in einer Schüssel miteinander verreiben. Salz und Wasser daruntermischen und schnell zu einem Teig wirken. Nicht lange kneten, damit er nicht speckig wird. 30 Minuten zugedeckt an einem kühlen Ort ruhen lassen. Den Teig 2 mm dick zu einer runden Platte von 20 cm Durchmesser auswallen.

Butter in einer Teflonpfanne von 18 cm Durchmesser (oberer Rand) zergehen lassen. Zucker, Zimt und Vanillezucker miteinander vermischen, einstreuen und die Pfanne vom Herd nehmen. Die Äpfel schälen, achteln und entkernen und schön im Kreis auf der Butter-Zucker-Mischung anrichten (abwechselnd mit der Rundung nach unten und nach oben). Die Pfanne auf die heiße Herdplatte stellen, bis der Zucker leicht karamelisiert. Sofort vom Feuer nehmen, die Teigplatte auf die Äpfel legen. Die Pfanne in den auf 220 Grad vorgeheizten Ofen stellen und die Torte etwa 30 Minuten backen. Die Tarte Tatin heiß auf eine Platte stürzen und mit gehackten Pistazien bestreuen. Warm servieren, nach Belieben mit geschlagener Sahne.

## Apfelkugeln

**Ergibt etwa 500 g**
250 g Äpfel, geschält, entkernt und fein gehackt
250 g Zucker
4 EL Wasser
100 g geschälte Mandeln, fein gehackt
1 Zitrone (abgeriebene Schale und ausgepreßter, passierter Saft)
60 g Puderzucker
gemahlene Mandeln oder geraspelte Kokosnuß

Den Zucker mit dem Wasser bei mittlerer Temperatur und unter ständigem Rühren erhitzen. Sobald der Zucker aufgelöst ist, die Temperatur heraufschalten und den Sirup mit dem Zuckerthermometer auf 115 Grad kochen. Die Temperatur wieder herunterschalten und die Äpfel in den Sirup geben. Bei sehr schwacher Hitze etwa 10 Minuten kochen. Mandeln, Zitronenschale und Zitronensaft hinzufügen. Weitere 10 bis 15 Minuten kochen, bis eine dicke Masse entsteht. Diese auf eine mit Puderzucker dick bestäubte Arbeitsfläche geben und auskühlen lassen, bis sie sich gut anfassen läßt. Zwischen den Handflächen kleine Kugeln rollen und in Puderzucker, gemahlenen Mandeln oder geraspelter Kokosnuß wälzen. In Pralinenkapseln servieren.

## Gestürzter Apfelpudding

Für 6 Personen
12 mittelgroße Äpfel
1 EL Zitronensaft
500 g Zucker
½ Zimtstange
1 EL Kartoffelmehl
3 EL Wasser
30 g Butter
6 Eier
3 bis 4 EL Semmelbrösel
3 dl geschlagene Sahne

Die Äpfel schälen, vierteln und entkernen, dann in Scheiben schneiden und mit Zitronensaft marinieren. Zusammen mit dem Zucker und dem Zimt in einen Topf geben. Bei mittlerer Temperatur zugedeckt garen, bis die Äpfel zerkocht sind und zu Mus verrührt werden können. Die Zimtstange herausnehmen. Die Apfelmasse durch ein Sieb in einen Kochtopf passieren. Das Kartoffelmehl mit kaltem Wasser anrühren und mit der Butter ins Apfelmus geben. Bei schwacher Hitze und unter ständigem Rühren einkochen, bis es ganz dick ist. Zum Abkühlen beiseite stellen. Die Eier aufschlagen und mit dem Apfelmus vermengen. Eine 1½-l-Form mit Butter ausstreichen und mit Semmelbröseln ausstreuen. Nicht haftende Brösel herausschütteln. Die Apfelmasse einfüllen. Im vorgeheizten Backofen bei 180 Grad etwa 45 Minuten backen, bis sich der Pudding fest anfühlt. Vor dem Stürzen etwa 15 Minuten abkühlen lassen. Dazu geschlagene Sahne servieren.

## Brot-Apfel-Kuchen

Für 4 Personen
350 g altbackenes Brot
3 dl Milch
30 g Kochbutter
1 kg Äpfel
80 g Rohzucker
1 Msp Zimtpulver
1 Zitrone (Saft und abgeriebene Schale)
2 dl Apfelsaft
10 g Kochbutter
1 EL Paniermehl
Puderzucker zum Bestreuen

Das Brot in nicht zu dicke Scheiben schneiden und mit der Milch anfeuchten. Die Butter in einer Bratpfanne erhitzen und das Brot darin auf beiden Seiten goldgelb anbraten. Die geschälten, entkernten Äpfel in Scheiben schneiden. In eine weite Bratpfanne geben und mit Zucker, Zimt, Zitronenschale und Zitronensaft mischen. Den Apfelsaft darübergießen. Die Äpfel langsam weich dämpfen. Eine Springform von 24 cm Durchmesser einfetten und mit Paniermehl ausstreuen. Brot und Apfelscheiben lagenweise in die Springform einfüllen, mit Brot abschließen. Den Brot-Apfel-Kuchen auf der zweiten Rille des vorgeheizten Ofens bei 180 Grad etwa 50 Minuten backen. Mit Puderzucker bestreuen und noch warm mit geschlagener Sahne oder Vanillesauce servieren.

## Birnen in Rotwein und Zimt

Die Birnen schälen, samt Stiel halbieren und das Kerngehäuse entfernen. Die Birnenhälften in einen Kochtopf legen, Rotwein und Portwein dazugießen. Die Birnen sollten gerade bedeckt sein. Zucker, Zimtstange und Zitronenschale hinzufügen. Zunächst alles zum Kochen bringen. Dann den Deckel auflegen und die Birnen bei niedriger Temperatur etwa 40 Minuten ziehen lassen, bis sie weich sind. Mit der Schaumkelle herausheben und in eine hübsche Glasschale legen. Die Garflüssigkeit bei starker Hitze einkochen lassen, bis sie die Konsistenz eines leichten Sirups hat. Jetzt die Zimtstange und die Zitronenschale entfernen, dann den Williamsgeist dazugeben. Die Birnen mit dem aromatisierten Sirup überziehen. An einem kühlen Platz (aber nicht im Kühlschrank) vollständig erkalten lassen.

*Tip:* Zu diesen Rotweinbirnen passen frische Orangenfilets oder Mousse au chocolat.

**Für 4 Personen**
4 feste Tafelbirnen
5 dl kräftiger Rotwein (Bordeaux)
1 dl Portwein
70 g Zucker
1 kleine Zimtstange
1 ganze, dünn abgeschälte Zitronenschale
3 TL Williamsschnaps

## Birnenterrine mit Weinschaumcreme

Die Dörrbirnen 1 bis 2 Stunden in kaltem Wasser einlegen. Die geschälten, entkernten und in Würfel geschnittenen Eßbirnen mit dem Zucker so lange kochen, bis die Masse um die Hälfte reduziert ist. Die gut ausgepreßten Dörrbirnen durch die grobe Scheibe des Fleischwolfs drehen und in das Birnen-Zucker-Gemisch geben. Nun alle übrigen Zutaten beifügen, aufkochen lassen und zuletzt die in kaltem Wasser eingeweichte und gut ausgepreßte Gelatine unter die Masse mengen. In eine passende Terrinenform geben und im Kühlschrank etwa 5 Stunden auskühlen lassen.

Das Marzipan zwischen Plastik (aufgeschnittene Plastiktüte) 2 bis 3 mm dünn ausrollen. Die Terrine aus der Form nehmen und frühestens 2 Stunden vor dem Servieren in Marzipan einpacken.

Für die Weinschaumcreme das Eigelb mit dem Zucker und den übrigen Zutaten über dem heißen Wasserbad zu einer dicken, schaumigen Masse schlagen. Dann vom Feuer nehmen und eine Weile weiterschlagen. Die warme Weinschaumcreme auf 4 Teller verteilen, die in Scheiben geschnittene Terrine darauf anrichten und sofort servieren.

**Ergibt 8 bis 9 Scheiben**
350 g Dörrbirnen (Speckbirnen)
1,1 kg Eßbirnen
1,1 kg Zucker
40 g Williamsschnaps
50 g Walnußkerne
30 g Pinienkerne
7 Blatt Gelatine
abgeriebene Schalen von 1 Orange und 1 Zitrone
150 g Marzipan

**Weinschaum-creme**
**Für 4 Personen**
3 Eigelb
0,5 dl Weißwein
20 g Williamsschnaps
1 EL Zucker
½ Zitrone (Saft)

## Birnen-Charlotte mit Holundersirup

Für etwa 10 Personen
2 kg geschälte, entkernte Birnen
500 g Zucker
60 g Butter
1 ganze, dünn abgeschälte Zitronenschale
1 Zimtstange
1 dl Wasser
1 Toastbrot ohne Rinde
125 g zerlassene Butter
30 g Puderzucker
2,5 dl Holundersirup (siehe «Herbst in der Küche»)

Die Birnen in Scheiben schneiden und mit Zucker, Butter, Zitronenschale, Zimtstange und Wasser zugedeckt in einem Schmortopf zu Mus kochen. Dann den Deckel abnehmen und das Birnenmus unter Rühren mit einem Holzlöffel eindicken lassen. Den Boden einer runden Form oder Terrine von 2 l Inhalt mit dünnen Toastbrotscheiben, die vorher in zerlassene Butter getaucht wurden, auslegen. Die Scheiben sollten einander überlappen und den Boden vollständig bedecken. Dann mit weiteren Toastbrotscheiben, die ebenfalls in Butter getaucht wurden, den Rand der Form in gleicher Weise auskleiden. Nun das Birnenmus (ohne Zimtstange und Zitronenschale) einfüllen, die Oberfläche wiederum mit dünnen, in flüssige Butter getauchten Toastbrotscheiben abdecken. Die Charlotte auf ein Backblech stellen und im vorgeheizten Backofen bei 200 Grad etwa 40 Minuten backen, bis der Toast eine hellbraune Farbe angenommen hat. Die Charlotte aus dem Ofen nehmen, einige Minuten abkühlen lassen und auf eine ofenfeste Platte stürzen. Puderzucker darüberstreuen und unter dem heißen Grill oder Salamander kurz glasieren. Dazu servieren Sie lauwarmen Holundersirup.

## Dörrbirnenmousse

Für 4 Personen
150 g Dörrbirnen (Speckbirnen), entstielt und über Nacht eingeweicht
150 g Speisequark
½ TL Lebkuchengewürz
3 Blatt Gelatine
12 Spritzer Williamsschnaps
120 g Sahne, geschlagen

Die Dörrbirnen gut ausdrücken und durch die feine Scheibe des Fleischwolfs treiben. Mit dem Quark vermischen und mit Lebkuchengewürz würzen. Die eingeweichte, ausgepreßte Gelatine mit einem Spritzer Williamsschnaps erwärmen und warm unter die Birnenmasse mengen. Die Masse durch ein Haarsieb streichen und die Schlagsahne darunterziehen. In eine Schüssel oder in Portionenformen abfüllen. Zum Servieren stürzen beziehungsweise mit einem Eßlöffel, der zuvor in heißes Wasser getaucht wurde, schöne Muscheln ausstechen.

*Tips:* Diese Mousse kann auf verschiedene Arten serviert werden: als Dessert, begleitet von Früchten und Sabayon, als Brotaufstrich mit Honig oder als Beigabe zu Hartkäse, zum Beispiel Sbrinz, Emmentaler, Greyerzer.

# Gebackene Dörrbirnenravioli mit Joghurt-Zimt-Sauce

Für den Teig das Mehl zu einem Kranz formen. Butter und Öl in die Mitte geben und mit dem Mehl fein verreiben. Die übrigen Zutaten dazugeben und alles zu einem glatten, seidigen Teig wirken. Falls nötig, etwas Wasser zugeben. Den Teig in Cellophanpapier einwickeln und 3 bis 4 Stunden ruhen lassen.

Die Dörrbirnen 1 bis 2 Stunden in kaltem Wasser einweichen, gut auspressen, entstielen und durch die feine Scheibe des Fleischwolfs drehen. Mit dem Quark vermischen, so daß eine noch feste, aber spritzfähige Masse entsteht. Mit Williamsschnaps parfümieren.

Die Hälfte des Teigs hauchdünn auswallen oder durch die Nudelmaschine drehen. Auf ein Raviolibrett legen und mit dem verquirlten und mit Wasser verdünnten Ei bestreichen. Die Dörrbirnenmasse in einen Spritzsack mit mittlerer Lochtülle einfüllen und kleine Häufchen auf den Teig spritzen. Das zweite Teigstück ebenfalls hauchdünn ausrollen und darüberlegen. Kontaktstellen andrücken. Raviolibrett mit Hilfe eines Küchentuchs stürzen und die einzelnen Ravioli mit einem Teigrädchen exakt voneinander trennen. Im 180 Grad heißen Öl goldbraun fritieren. Mit Puderzucker bestreuen.

In der Zwischenzeit die Joghurtsauce herstellen. Puderzucker und Zimtpulver vermischen, mit etwas Joghurt glattrühren. Zitronensaft und -schale beigeben und das restliche Joghurt daruntermischen. Zuletzt die geschlagene Sahne daruntermengen. Diese Sauce auf Teller anrichten, die gebackenen Ravioli daraufsetzen und sofort servieren.

*Tip:* Diese Ravioli können auch auf Vorrat zubereitet werden. Die gefüllten Teigtäschchen sofort nebeneinander auf ein Tablett anrichten und einfrieren. Die gefrorenen Ravioli einzeln in eine Plastiktüte füllen. Immer tiefgefroren ausbacken.

Für 4 Personen

**Teig**
150 g Mehl
30 g Butter
einige Tropfen Öl
1 Eigelb
40 g Wasser
je 1 Prise Salz und Zucker

**Füllung**
180 g Dörrbirnen
40 g Speisequark
1 Schuß Williamsschnaps

**Fertigstellung**
1 Ei
Öl zum Ausbacken
Puderzucker

**Joghurt-Zimt-Sauce**
3 dl Joghurt nature
1 dl geschlagene Sahne
120 g Puderzucker
1 TL Zimtpulver
1 Zitrone (Saft und abgeriebene Schale)

# GEMÜSE ALS NACHSPEISE

*Darf es ausgefallen sein? Dann sind die folgenden Gemüsedesserts genau das richtige für Sie. Nicht diskutieren, sondern probieren!*

## Süsser Chicoréesalat

**Für 4 Personen**
2 Stück Chicorée
200 g Zucker
1 TL Zitronensaft
150 g frisch gepresster Blutorangensaft
Saft und Schale von 1 Zitrone und 1 Orange
150 g Mascarpone
2 TL gehackte Pistazien

Vom Chicorée Strunk und Spitze entfernen, dann in 1 cm breite Streifen schneiden. Den Zucker mit 1 TL Zitronensaft karamelisieren. Mit Orangen- und Zitronensaft ablöschen. Zu Sirup einkochen, Orangen- und Zitronenschale beigeben und zuletzt den Chicorée darunterziehen. Abkühlen lassen, Mascarpone daruntermischen, in geeignete Gläser anrichten und mit gehackten Pistazien bestreuen.

## Kandierter Fenchel oder kandierte Karotten

**Ergibt etwa 750 g**
500 g Karotten oder Fenchel, in dünne Scheiben geschnitten
250 g Zucker
125 g Wasser
feiner Kristallzucker

Zucker und Wasser in eine Kasserolle geben und unter Rühren zum Siedepunkt bringen. Die Hitze vermindern und den Sirup während etwa 15 Minuten auf 110 Grad (Zuckerthermometer) einkochen. Die Gemüsescheiben in den Sirup geben und etwa 15 Minuten köcheln lassen, bis die Spitze eines scharfen Messers leicht eindringen kann. Dann mit einem Schaumlöffel aus dem Sirup heben und auf ein Kuchengitter verteilen. Unter das Gitter ein Pergamentpapier legen, das die Tropfen auffängt. Nach einigen Stunden auf ein zweites Pergamentpapier feinen Kristallzucker ausstreuen, die Gemüsescheiben darin wälzen, einzeln wieder auf das Kuchengitter geben und gut trocknen lassen. In gut verschließbaren Blechdosen aufbewahren.

Ein sehr interessantes Winterdessert

## Fenchelkompott

**Für 4 Personen**
2 mittlere Fenchelknollen, frisch geerntet
2,5 dl frischer Orangensaft
2 EL Grand Marnier
1 EL Kartoffelstärke
1 Orange, fein abgerieben

Den Fenchel großzügig schälen und in 2 bis 3 cm lange Rauten schneiden. Das innerste Fenchelgrün fein hacken. Die Fenchelstücke im Orangensaft etwa 30 Minuten weich kochen, eventuell etwas Orangensaft nachgießen. Den Grand Marnier mit der Kartoffelstärke anrühren und die Flüssigkeit damit abbinden. Die Orangenschale beifügen, anrichten und erkalten lassen. Vor dem Servieren das gehackte Fenchelgrün darüberstreuen.

*Tip:* Zu jeder Portion 1 Kugel Vanilleeis servieren.

## Fencheleis

3 dl Milch
2 dl Sahne
80 g Fenchel, in feine Würfelchen geschnitten
1 Msp Anispulver
130 g Zucker
2 Eier
4 Eigelb
2 Sträußchen Fenchelgrün (vom Herzstück)

Milch und Sahne mit den Fenchelwürfelchen und dem Anispulver aufkochen. Zucker und Eier glattrühren. Das gekochte Fenchelgemisch unter ständigem Rühren in die Eimasse einlaufen lassen. Auf dem Wasserbad zur Rose (bis die Masse bindet) abziehen. Nun alles durch ein feines Sieb passieren, damit die geronnenen Eiweißteilchen entfernt werden. Abkühlen lassen, das feingehackte Fenchelgrün beigeben, in der Maschine gefrieren.

*Tip:* Fencheleis mundet herrlich zu Orangen, Mandarinen, Ananas, Datteln und Kumquats!

## Fenchelcake

230 g Butter
230 g Puderzucker
10 g Vanillezucker
½ Zitrone, abgerieben
1 Prise Salz
200 g Eier (4 Stück)
230 g Mehl
120 g Fenchel, in sehr kleine Würfel geschnitten und blanchiert
1 TL Backpulver
10 g Anis
Butter und Mehl für die Form
Puderzucker zum Bestreuen

Butter, Zucker, Vanillezucker, Zitronenschale und Salz zusammen schaumig aufschlagen. Nach und nach die Eier und das gesiebte Mehl mit dem Backpulver beigeben. Zuletzt die auf einem Tuch trockengeriebenen Fenchelwürfelchen daruntermischen. Die Masse in 2 gut bebutterte und gemehlte Cakeformen (22 × 8 × 5 cm) einfüllen. Im vorgeheizten Ofen bei 160 Grad etwa 45 bis 50 Minuten backen. Vor dem Servieren mit Puderzucker bestäuben.

*Tip:* Dieser Cake läßt sich, in Alufolie eingepackt, gut einfrieren!

## Gemüse-Orangen-Ragout mit Campari

**Für 4 bis 6 Personen**
80 g Fenchel
80 g Sellerie
80 g Karotten
100 g Zucker
3,5 dl Orangensaft
1 TL Puddingpulver mit Vanillearoma
20 g Cointreau
20 g Campari
1 Spritzer Pernod
2 Orangen, filetiert
1 Orangenschale, in Streifen geschnitten und blanchiert

Fenchel, Sellerie und Karotten in 2 cm lange und 5 mm dicke Stäbchen schneiden. Die Gemüse im Wasser fast weich kochen, gut abtropfen und abkühlen lassen. Den Zucker mit 1 EL Wasser karamelisieren. Mit dem Orangensaft ablöschen und langsam um fast die Hälfte einkochen lassen. Das Puddingpulver mit einigen Tropfen Wasser anrühren und die Orangensauce damit leicht abbinden. Das Gemüse dazugeben, kurz fertigkochen und zuletzt die blanchierte Orangenschale beigeben. Nach dem Abkühlen mit Cointreau, Campari und Pernod abschmecken. Anrichten und mit (auf einem sauberen Tuch getrockneten) Orangenfilets garnieren.

## Überbackene Maiskörner mit Dörrfrüchten

**Für 4 bis 6 Personen**
200 g Maiskörner (Sweetcorn aus der Dose)
2 dl Milch
2 dl Sahne
150 g Zucker
1 Vanillestange
1 EL Puddingpulver (Vanille)
2 Eier
2 Eigelb
150 g gemischte Dörrfrüchte, in maiskorngroße Würfel geschnitten
20 g Walnüsse, grob gehackt
2 Eiweiß
30 g Zucker
Puderzucker zum Bestreuen

Milch, Sahne, Zucker und Vanillestange aufkochen. Die gut abgetropften Maiskörner kurz mitkochen, abgießen und die Flüssigkeit wieder aufkochen. Eier und Eigelb aufschlagen, Puddingpulver dazugeben und das heiße Milch-Sahne-Gemisch langsam dazurühren. Alles zur Rose abkochen (bis die Masse bindet), dann durch ein feines Sieb passieren. Maiskörner, Dörrfrüchte und Walnüsse unter die Creme ziehen. Diese in eine ofenfeste Form geben. Eiweiß und Zucker steif schlagen. Mit dem Spritzbeutel (Sterntülle) gitterartig auf die Creme aufspritzen. Bei starker Oberhitze leicht abflämmen. Mit Puderzucker bestreut servieren.

## Schwarzwurzel-Mokka-Bavaroise

**Für 4 bis 6 Personen**
100 g geschälte Schwarzwurzeln
4 Eigelb
120 g Zucker
½ dl Milch
2 TL lösliches Kaffeepulver
1 Prise Salz
13 g Gelatine
½ l Sahne

**Apfelsauce**
2 geschälte, entkernte Äpfel, fein geschnitten
2 EL Zucker
1 Prise Zimtpulver
2 dl Joghurt
1 Zitrone, ausgepreßt
50 g gehackte Pistazien

Die Schwarzwurzeln in Milchwasser mit etwas Zitronensaft und Zucker weich kochen. Eigelb und Zucker schaumig rühren. Die Milch mit dem Kaffeepulver und dem Salz zum Kochen bringen. Kochend heiß, aber sehr langsam und unter fortwährendem Umrühren zur Eiermasse gießen, das Ganze wieder in den Topf zurückgeben und zur Rose kochen (80 bis 85 Grad). Die Creme muß so dick sein, daß beim Durchziehen eines Löffelstiels eine deutliche Spur zurückbleibt. In jedem Fall darf die Creme nach dem Zufügen der Eigelbe nicht mehr kochen, sonst würde sie gerinnen und flockig werden.

Die Creme sofort vom Feuer nehmen. Die in kaltem Wasser eingeweichte, gut ausgepreßte Gelatine schnell dazugeben. Das Ganze durch ein feines Sieb in eine Schüssel passieren. Erkalten lassen und dabei mehrmals umrühren. Vor dem Festwerden die in etwa 3 mm große Würfelchen geschnittenen Schwarzwurzlen mit der geschlagenen Sahne unterheben. In kleine Förmchen oder Tassen abfüllen und im Kühlschrank etwa 5 Stunden durchkühlen lassen.

Für die Apfelsauce die Äpfel mit allen übrigen Zutaten in den Mixer geben und fein pürieren. Die Sauce gleichmäßig auf die Teller verteilen. Die Schwarzwurzel-Mokka-Bavaroise darauf stürzen (Förmchen oder Tassen vorher in heißes Wasser tauchen) und mit gehackten Pistazien bestreuen.

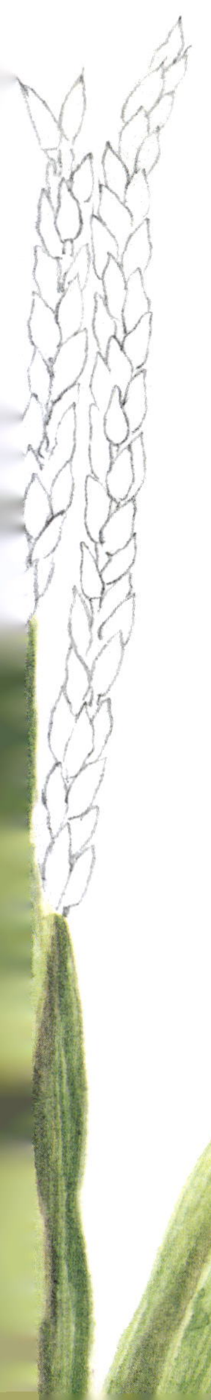

## Schokolademousse mit Karotten

**Für etwa 8 Personen**
1 Ei
2 Eigelb
3 Blatt Gelatine
15 g Crème de Cacao (weiß)
10 g Bacardi-Rum (weiß)
250 g weiße Couverture
120 g Karotten, geschält und fein gerieben
550 g Sahne, geschlagen

Die Couverture hacken und im Wasserbad schmelzen. Ei und Eigelb im Wasserbad auf 70 Grad aufschlagen, die Couverture und den Alkohol daruntermischen. Die in kaltem Wasser eingeweichten und gut ausgedrückten Gelatineblätter unter die Masse rühren. Zu diesem Zweck die Schüssel nochmals kurz auf das Wasserbad stellen, damit sich die Gelatine gut auflöst. Ist die Schokolademasse etwas ausgekühlt, vorsichtig die Sahne mit den feingeschabten Karotten (ohne Karottensaft!) unterheben. Die Sahne sollte nicht zu steif geschlagen sein. In passende Schüsseln abfüllen und mit Klarsichtfolie abdecken, damit sich keine Haut bildet. Im Kühlschrank etwa 6 Stunden fest werden lassen.

## Topinamburmousse

**Für 4 bis 5 Personen**

4 große Zitronen, Schale fein abgerieben, Saft durch ein Sieb passiert
4 Eier
180 g Topinamburs, geschält
15 g Gelatine
4 EL kaltes Wasser
200 g feiner Kristallzucker
3 dl geschlagene Sahne

Die Eier trennen. Die Gelatine in kaltem Wasser einweichen. 180 g Zucker mit dem Eigelb im warmen Wasserbad zu einer hellen Creme aufschlagen, den Zitronensaft hineingeben und weiterschlagen, bis die Masse wieder dick ist. Den Topf von der Kochstelle nehmen, die Gelatine in etwas warmem Wasser auflösen und unter das Eigemisch geben. Die Topinamburs fein reiben und mit der Zitronenschale unter die Masse heben. Das Eiweiß mit dem restlichen Zucker zu steifem Schnee schlagen und zusammen mit der geschlagenen Sahne unter die fast kalte Topinamburmischung ziehen. Sofort in eine passende Schüssel abfüllen und 3 bis 4 Stunden kühl stellen.

## Topinamburgratin

**Für 4 bis 6 Personen**

2 dl Milch
½ Vanillestange
120 g Zucker
1 Msp Salz
200 g Topinamburs
3 TL Kartoffelstärke
3 Eigelb
300 g Speisequark
3 Eiweiß
1 Zitrone
Puderzucker zum Bestreuen

Die Milch mit der Vanillestange und 60 g Zucker aufkochen. Die Kartoffelstärke mit etwas Milch anrühren, in die kochende Milch geben, kräftig aufkochen und durchrühren. Die Vanillestange entfernen, die Pfanne vom Herd nehmen und die Eigelbe nacheinander hineinrühren. Die Topinamburs fein in die Masse reiben. Immer wieder umrühren. Abgeriebene Zitronenschale, Zitronensaft und den passierten Quark dazugeben. Das Eiweiß mit dem restlichen Zucker steif schlagen und unter die Creme ziehen. In ofenfeste Plättchen verteilen und unter dem Salamander gratinieren. Mit Puderzucker bestreuen.

## Süsse Topinamburs

**Für 4 Personen**

300 g Topinamburs, geschält, mit Zitrone eingerieben
300 g Äpfel, geschält und entkernt
2 EL Birnendicksaft
2 EL Süßmost
1 EL Zitronensaft
2 dl geschlagene Sahne
2 Minzeblätter
2 Blutorangen, filetiert
40 g Mandeln

Die Mandeln hobeln und rösten. Süßmost, Zitronensaft und Birnendicksaft vermischen und glattrühren. Die mit der gehackten Minze vermengte Schlagsahne dazugeben. Topinamburs und Äpfel mit grober Raspel in das Sahnegemisch raspeln und immer wieder umrühren, damit das Gemüse nicht braun wird. In hübsche Gläser einfüllen, mit den Orangenfilets garnieren und mit den gerösteten Mandeln bestreuen.

# *SÜSSE VITAMINE ZU TEE UND KAFFEE*

## Gelee aus Zitrusfrüchten

Die Gelatine in kaltem Wasser einweichen und gut auspressen. Alle übrigen Zutaten vorsichtig vor das Kochen bringen, bis sich der Zucker aufgelöst hat. Abseihen und die Gelatine dazurühren. Die Masse in einem passenden flachen Geschirr etwa 1 cm hoch ausgießen. Erkalten lassen, beliebige Formen ausstechen oder schneiden. In Kristallzucker wenden und servieren.

### Orangengelee

450 g Orangensaft
30 g Grand Marnier
120 g Zucker
1 Zitrone (Saft)
1 Orange (abgeriebene Schale)
8 Blatt (20 g) Gelatine
Kristallzucker zum Wenden

### Zitronengelee

125 g Zitronensaft
dünngeschälte Schale von 2 Zitronen
$^{3}/_{8}$ l Weißwein
160 g Zucker
8 Blatt (20 g) Gelatine
Kristallzucker zum Wenden

### Mandarinengelee

450 g Mandarinensaft
130 g Würfelzucker, an den Mandarinen gut abgerieben
Saft einer Zitrone
50 g Mandarinenlikör
8 Blatt (20 g) Gelatine
Kristallzucker zum Wenden

# FEBRUAR

## GEDANKEN

*Eisige Kälte, Totenstille, nur das Pfeifen des kalten Nordwinds ist zu vernehmen! Wir haben Zeit, mit den Gedanken zu spielen. Je kälter – um so reiner sind sie. Ach, geht es uns gut! Warme Kleider, eine warme Stube, das Knistern des Feuers im Kamin, Eisblumen am Fenster, es riecht nach Bratäpfeln.*
*Nichts macht uns unglücklich, wir sind reich, nicht frieren, nicht hungern, und trotzdem sind wir unzufrieden – warum? Vielleicht, weil es uns so gut geht!*

Vor Kälte ist die Luft erstarrt,
Es kracht der Schnee von meinen Tritten,
Es dampft mein Hauch, es klirrt mein Bart;
Nur fort, nur immer fort geschritten!

Wie feierlich die Gegend schweigt!
Der Mond bescheint die alten Fichten,
Die, sehnsuchtsvoll zum Tod geneigt,
Den Zweig zurück zur Erde richten.

Frost, friere mir ins Herz hinein,
Tief in das heißbewegte, wilde!
Daß einmal Ruh' mag drinnen sein,
Wie hier im nächtlichen Gefilde.

NIKOLAUS LENAU

# GEWÜRZE ADELN REZEPTE

*Die Vollkommenheit eines Gerichtes widerspiegelt sich in der Kunst des Würzens. Die Anwendung eines Gewürzes setzt dessen Kenntnisse voraus. Viele Gewürze sind im Handel frisch, getrocknet oder gemahlen zu haben. Welches Gewürz man wann und wofür verwendet, ist manchmal schwierig zu erfahren. Dabei gibt es eine Faustregel, die heißt: Frische Gewürze lassen sich am besten mit frischen Salaten, mit Getreide, Gemüse, Früchten oder Obst sowie in der jeweiligen Saison mit Fisch, Fleisch, Geflügel oder Wild kombinieren. Getrocknete und eingemachte Gewürze hingegen passen zu Eingemachtem, Eingelegtem oder zu den typischen Winterangeboten. Die Natur schenkt uns auch ganz spezielle Gewürze für die Wintermonate. Meistens sind es Samengewürze, die die Eigenschaft haben, die blähenden Wintergerichte verträglicher zu machen. Spitzenreiter sind sicher Wacholder, Kümmel, Koriander, Anis und Fenchel. Wurzelgewürze wie Meerrettich helfen sogar Erkältungen abzuhalten. Auch fremdländische Gewürze haben die Küche erobert. Kein Winter ohne Zimt, Nelke, Vanille, Pfeffer, Muskat und Safran.*

## Linsen- oder Bohnensalat mit Anis

**Für 6 Personen**
je 150 g grüne, braune und rote Linsen
Salz
1 Zwiebel, mit
2 Nelken bespickt
1 kleines Bouquet garni (bestehend aus 1 kleinen Karotte, Lauchstengel und Petersilienwurzel)

**Sauce**
Salz und frisch gemahlener Pfeffer
2 EL Weinessig
1 EL französischer Senf
1 dl trockener Weißwein
1 dl Sonnenblumenöl
1 EL feingehacktes Fenchelkraut
1 Msp Anispulver
1 Knoblauchzehe,
2 Schalotten, fein gehackt

Die verschiedenen Linsensorten separat über Nacht in reichlich Wasser einweichen. Die braunen Linsen mit der gespickten Zwiebel, die grünen Linsen mit dem Bouquet garni sowie die roten Linsen in leicht gesalzenem Wasser separat kochen (je nach Sorte 20 bis 60 Minuten). Die gekochten Linsen abschütten, gut abtropfen lassen und in eine große Schüssel geben. Für die Sauce Salz, Pfeffer, Essig, Senf und die Hälfte des Weißweins miteinander verrühren. Danach Öl, die Kräuter, Anispulver, Knoblauch und Schalotten hinzufügen. Die Linsen müssen noch heiß mit der Sauce vermischt werden. Wenn die Sauce von den Linsen oder Bohnen aufgezogen worden ist, noch etwas Wein oder heiße Bouillon dazugeben, damit der Salat nicht zu trocken wird.

*Tip:* Statt Linsen können Sie auch weiße, grüne und rote getrocknete Bohnenkerne verwenden. Diese müssen ebenfalls über Nacht eingeweicht werden. Die Kochzeit verlängert sich auf 1½ bis 2 Stunden. Diesen Salat können Sie mit kurz gebratenem Lammfilet oder mit gekochten, panierten und gebackenen Kuttelstreifen servieren.

## Bohnensalat mit Vanille

Die Hülsenfrüchte getrennt über Nacht einweichen. Abtropfen lassen, die Kichererbsen in einem hohen Topf mit viel Wasser und etwas Salz 1 Stunde köcheln lassen. Die weißen Bohnen dazugeben. Mit der längs aufgeschnittenen Vanillestange zusammen alles eine weitere Stunde bei schwacher Hitze garen. Die Kidney-Bohnen 1½ Stunden separat in Wasser weich kochen, sie würden sonst die übrigen Bohnen rot färben.

Die restlichen Zutaten verrühren. Die abgetropften heißen Bohnen dazugeben und gut vermischen. Abkühlen und etwa 2 Stunden in der Marinade ziehen lassen. Vor dem Servieren mit etwas Petersilie bestreuen.

*Tip:* Dieser Bohnensalat schmeckt ausgezeichnet mit kurz gebratenen Scampi, Hummermedaillons oder Muscheln.

**Für 6 Personen**

je 100 g getrocknete Kichererbsen, weiße Bohnen und Kidney-Bohnen
1 Vanillestange
8 EL gehackte Schalotten
2 Knoblauchzehen, fein gehackt
Petersilie, gehackt
Salz
6 EL Olivenöl
1½ EL Weinessig
Saft von ½ Zitrone
Salz, Pfeffer, Zucker

## Chicoréesalat mit Champignons, Vanille und Orangen

Chicorée putzen, das bittere Innere herausschneiden, waschen, trockentupfen und in sehr feine Streifen schneiden. Champignons in Wasser mit 1 EL Zitronensaft waschen, Stiele putzen, in dünne Scheiben schneiden. Chicorée, Champignons und Petersilie mischen. Vanillestange längs halbieren und mit dem Messerrücken das Mark herausschaben. Mit den übrigen Zutaten gut verrühren und über den Salat geben. Den Salat gut vermengen und mit Orangenfilets garnieren.

*Tip:* Paßt sehr gut zu Geflügel- oder Fleischterrinen.

**Für 6 bis 8 Personen**

6 Chicoréestauden
300 g frische, junge Champignons
1 EL Zitronensaft
2 EL feingehackte Petersilie
4 Orangen, geschält und filetiert

**Salatsauce**

1 Vanillestange
1 TL Salz
¼ TL frisch gemahlener Pfeffer
2 EL Weinessig
1 dl Olivenöl
1 Prise Zucker

## Leberterrine mit Zimt

Ergibt etwa 1 kg
250 g Kalbsleber
250 g Hühnerleber
500 g mageres Schweinefleisch
6 bis 8 dünne Scheiben Bauchspeck
1 gehackte Schalotte
2 EL gehackte Petersilie
2¼ TL Salz
2 TL frisch gemahlener Pfeffer
100 g grobgehackte Walnüsse
abgeriebene Schale einer Orange
⅔ TL gemahlener Ingwer
¼ TL gemahlener Zimt
1 EL Weinbrand
1 EL Madeira

Die Leber und das Schweinefleisch mehrmals durch die feine Scheibe des Fleischwolfs drehen. Eine Terrinenform mit Speckscheiben auslegen. Fleischmasse mit den übrigen Zutaten gut vermischen und in die Terrinenform geben. Die Terrine im vorgeheizten Backofen bei 180 Grad im Wasserbad etwa 1½ Stunden backen. Aus dem Backofen nehmen und während des Abkühlens mit einem Gewicht beschweren, damit die Terrine eine feste Konsistenz erhält.

Anschließend die Terrine in der Form im Kühlschrank kalt stellen. Vor dem Servieren auf eine Platte stürzen und in Scheiben schneiden.

Dazu servieren Sie ein würziges Brot.

## Apfel-Ingwer-Suppe

**Für 6 Personen**
400 g Kochäpfel
1,3 l Gemüsebrühe
1 TL gemahlener Ingwer
½ TL frisch gemahlener Pfeffer
Salz
1½ dl Sahne
1 kleine Handvoll gekochter Reis

Die Äpfel schälen, vierteln und das Kerngehäuse entfernen.

Die Gemüsebrühe in einen großen Topf geben und mit den Äpfeln zusammen bei schwacher Hitze garen, bis diese ganz weich sind.

Alles durch ein Sieb streichen und mit Ingwer und Pfeffer würzen. Die Suppe im Mixer pürieren und wieder kurz zum Kochen bringen. Sahne beifügen, abschmecken, den gekochten Reis hineingeben und sehr heiß servieren.

## Karotten-Orangen-Suppe mit Lebkuchengewürz

**Für 4 Personen**
350 g Karotten
2 große Orangen
40 g Butter
2 kleine gehackte Zwiebeln
7 dl Gemüsebouillon
1 dl Sahne
Salz und frisch gemahlener Pfeffer
½ TL Lebkuchengewürz

Karotten in Scheiben schneiden, Orangen auspressen, die Schale einer Frucht in dünne, schmale Streifen schneiden. Die Butter in einem Topf bei schwacher Hitze zerlassen. Karotten und Zwiebeln etwa 10 Minuten sanft dünsten, ohne Farbe zu geben. Die Brühe hinzugeben, zum Kochen bringen und zugedeckt 15 Minuten köcheln lassen. Salz und Lebkuchengewürz beigeben und die Suppe im Mixer fein pürieren. Den Orangensaft dazugießen und die Suppe wieder in den Topf zurückgeben. Sahne unterrühren, abschmecken und langsam erhitzen, aber nicht kochen lassen.

Die Orangenschale 5 Minuten im Wasser leicht köcheln lassen, danach gut abtropfen. Unmittelbar vor dem Servieren über die Suppe streuen.

## Kichererbseneintopf mit Kalbsfüssen, mit Ingwer und Safran gewürzt

**Für 6 Personen**
3 in Stücke zerkleinerte Kalbsfüße
500 g Kichererbsen
1,5 dl Olivenöl
4 gehackte Zwiebeln
4 zerdrückte Knoblauchzehen
2 EL Paprika
½ TL Cayennepfeffer
je 1 TL Kreuzkümmel und Ingwer, gemahlen
½ TL Safran, gemahlen
1 TL Salz
2 l Wasser

Die Kichererbsen über Nacht in Wasser einweichen, gut abtropfen lassen. Das Olivenöl in einen tiefen Schmortopf geben und die Zwiebeln andünsten. Alle übrigen Zutaten dazugeben und zugedeckt im Ofen etwa 4 Stunden schmoren lassen, bis das Fleisch sich von den Knochen löst.

Gelegentlich umrühren und falls erforderlich Wasser nachgießen.

Zum Servieren das Fleisch von den Knochen lösen und auf die Erbsen legen.

*Tip:* Wenn die Haut der Kichererbsen nicht vor dem Kochen abgerieben wird, sollte das Salz erst gegen Ende der Garzeit hinzugefügt werden, da Salz die Haut hart macht!

## Kalbshirn-Crépinettes mit Lebkuchenbröseln

**Für 4 Personen**
1 Kalbshirn
70 g Butter
100 g geräuchter Schinken
20 g Mehl
2 dl Milch
30 g Champignons, in dünne Scheiben geschnitten
Salz und frisch gemahlener Pfeffer
250 g Schweinsnetz
1 verquirltes Ei
60 g Lebkuchenbrösel (Rezept «Luzerner Lebkuchen», Seite 37)
40 g Semmelbröseln
1 geviertelte Zitrone
4 EL gehackte Petersilie

Das Kalbshirn wässern, Adern entfernen, blanchieren, abkühlen lassen und würfeln. Den Schinken ebenfalls würfeln, Champignons in dünne Scheiben schneiden. 30 g Butter in einem Topf zergehen lassen, den Schinken darin 7 bis 8 Minuten rösten. Mit Mehl bestreuen, die Milch dazugießen und unter ständigem Rühren 10 Minuten garen. Abkühlen lassen und die Champignonscheiben und die Hirnwürfel hineingeben. Die Mischung mit Salz und Pfeffer würzen.

Das Schweinsnetz in 8 Stücke schneiden und ausbreiten. Die Fleisch-Champignon-Mischung auf die Schweinsnetzstücke setzen und darin einwickeln. Die Crépinettes (Netzwürstchen) erst im verquirlten Ei, dann in den Lebkuchenbröseln wenden, in der restlichen Butter auf jeder Seite 5 Minuten sachte braten, bis sie braun sind.

Mit der Petersilie bestreuen und mit den Zitronenvierteln belegen, sofort servieren.

# Rotbarsch oder Zander mit Meerrettich-Sahne

Die Zutaten für die Court-Bouillon in einen großen Topf geben, aufkochen und 10 Minuten simmern lassen. Den unzerteilten Fisch darin 25 bis 30 Minuten garziehen lassen. In einer Pfanne die Butter zergehen lassen, das Mehl einrühren, den Sauerrahm darübergießen und erhitzen. Eventuell 1 EL Court-Bouillon darunterrühren und mit Salz und Pfeffer nachwürzen. Kurz vor dem Servieren den frisch geriebenen Meerrettich beigeben. Nicht mehr kochen lassen, sonst wird die Sauce bitter!

Den Fisch aus dem Sud heben und auf einer Platte anrichten. Erst am Tisch zerteilen. Die Sauce sowie Schneekartoffeln (durchgepreßte Salzkartoffeln) separat dazu servieren.

**Für 4 Personen**
1 kg Rotbarsch oder Zander, gesäubert

**Court-Bouillon**
2 l Wasser
Salz
4 EL Zitronensaft
1 Schuß Weißwein
je 1 Stange Bleichsellerie, Lauch, Karotte und Petersilienwurzel, in Scheiben geschnitten

**Meerrettich-Sahne**
30 g Butter
1 EL Mehl
4 dl Sauerrahm
Salz, Pfeffer
2 EL frisch geriebener Meerrettich

## Seeteufelragout an Anissauce

**Für 4 Personen**
800 g Schwanzstück vom Seeteufel, in etwa 30 g schwere Stücke geschnitten
30 g Butter
4 Schalotten, fein gehackt
1 dl trockener Weißwein
½ dl Noilly Prat (trockener Wermut)
4 dl Fischfond
6 Karotten, 1 Bleichsellerieherz, 2 kleine gebleichte Lauchstengel, alles in Streifen geschnitten und blanchiert
Salz
frisch gemahlener Pfeffer
½ TL gemahlener Anis
2 dl Sahne
2 EL feingehackte Petersilie

Die Butter in einem Topf zerlassen und die Schalotten kurz darin anbraten. Die Fischstücke hinzufügen und kurz garen, mit einem Löffel ein- oder zweimal wenden. Weißwein, Wermut und Fischfond angießen, die Gemüse hinzufügen, mit Salz, Pfeffer und Anis würzen und alles zum Kochen bringen.

Die Sahne hineinrühren und bei mittlerer Hitze 5 Minuten köcheln lassen.

Das Ragout in vorgewärmte Suppenteller anrichten, mit Petersilie bestreuen und Salzkartoffeln als Beilage dazu servieren.

## Kalbsbrust, mit Anis und Weisswein geschmort

**Für 6 Personen**
1,5 Kalbsbrust, entbeint und pariert
100 g Parmaschinken, in kleine Würfel geschnitten
60 g Gänseschmalz oder Schweineschmalz
6 EL feingehackte Petersilie
½ TL feingehackter Anis
1 Knoblauchzehe, fein gehackt
Salz und frisch gemahlener Pfeffer
2 dl trockener Weißwein
1½ dl Bouillon oder heller Bratenjus

Mit einem scharfen Messer die Innenseite der Kalbsbrust kreuzweise etwa 3 mm tief einritzen.

30 g Schmalz, 4 EL Petersilie, Parmaschinken, Knoblauch, 1 TL Salz, ¼ TL Pfeffer und Anis zu einer Paste verrühren. Die eingeschnittene Seite der Kalbsbrust damit bestreichen. Vom schmalen Ende her fest zusammenrollen und mit Küchengarn umwickeln. Rundherum mit Pfeffer und wenig Salz einreiben.

In einer schweren Pfanne im restlichen Schmalz auf allen Seiten langsam braun braten. Wein zugießen, ebenso Bouillon oder Bratenjus, und zugedeckt etwa 1 Stunde köcheln lassen, bis das Fleisch weich ist. Das Fleisch zwischendurch immer wieder mit der Flüssigkeit begießen. Den Bratensaft entfetten und die Kalbsbrust in 0,5 cm dicke Scheiben schneiden.

Anrichten und mit der Sauce übergießen, zuletzt die restliche Petersilie darüberstreuen.

## Kalbshaxe in Orange und Glühweingewürz

**Für 6 Personen**
2 kg Kalbshaxe mit Knochen, in 3 cm dicke Scheiben gesägt
Salz und frisch gemahlener Pfeffer
Mehl
½ dl Erdnußöl
40 g Butter
1 Karotte, 1 weiße Rübe, 1 Zwiebel, 1 gebleichter Lauchstengel, alles in sehr kleine Würfel geschnitten oder gehackt
2 Orangen (Schale und Saft)
1½ dl trockener Weißwein
2 Beutel Glühweingewürz
2 dl braune Bratensauce

Die Kalbshaxen mit Salz und Pfeffer würzen und im Mehl wenden. In einem Schmortopf in heißem Erdnußöl anbraten. Gemüse mit der Butter hinzugeben und den Topf zudecken. Bei schwacher Hitze etwa 15 Minuten dünsten.

Die Orangen schälen und die Schale in kleine dünne Streifen schneiden. Die Streifen kurz blanchieren, abtropfen lassen und mit dem Orangensaft, dem Weißwein und dem Glühweingewürz zugedeckt im Ofen 1 Stunde schmoren, bis das Fleisch gar ist.

Eventuell etwas Wasser nachgeben. Zuletzt die braune Bratensauce dazugeben, nochmals aufkochen und abschmecken. Die Glühweingewürz-Beutel herausnehmen.

Die Kalbshaxe mit Risotto servieren.

# DAS HOROSKOP DES WASSERMANNS
## 21. Januar bis 18. Februar

*Der Wassermann liebt die Freiheit, er ist gesellig und unterwirft sich keinen Zwängen. Er freut sich auf ausgefallene kulinarische Leckerbissen, besonders die aus dem Wasser. Er ist ein großzügiger Gastgeber. Wie der bärtige Neptun in ihrem Sternzeichen wissen die Wassermänner auszuschenken, jedem ihrer Freunde, der ihnen gewogen ist . . . So gerne, wie sie spendieren, so gerne halten sie sich selber dran.*
*Prost Wassermann!*

## Geburtstagsdiner für den Wassermann

Apfel-Topinambur-Salat an Haselnußsauce

***

Randensuppe mit geräucherter Forelle
und Meerrettichwölkchen

***

Gefüllte Seezunge in Meursault mit Trüffeln
Gekochte Gerste mit Gemüseklein

***

Gehobelter Sbrinz mit Zitrone und Mandelöl

***

Backpflaumen-Charlotte mit Sherryschaumcreme

## Apfel-Topinambur-Salat an Haselnusssauce

**Für 4 Personen**
200 g mittlere Topinambur
120 g Äpfel mit roter Schale
4 filetierte Blutorangen
60 g Feldsalat
10 grobgehackte Walnüsse

**Salatsauce**
½ Zitrone (Saft)
1 Orange (Saft)
Salz und Pfeffer
1 EL Honigessig
4 EL Haselnußöl

In einer Schüssel zuerst alle Zutaten für die Salatsauce gut vermischen.

Die Topinambur unter fließendem Wasser gut abbürsten. In hauchdünne Scheiben schneiden und sofort in die Salatsauce geben. Die entkernten Äpfel ebenfalls in dünne Blättchen schneiden und gut mit der Topinambur vermischen. Auf vier Tellern den Feldsalat anrichten und in die Mitte den Topinambursalat geben. Mit Orangenfilets ausgarnieren und mit Walnüssen bestreuen.

*Tip:* Nach Wunsch 80 g gekochtes, in Nüßchen gezupftes Kalbsbries in Butter schwenken und darübergeben.

## Randensuppe mit geräucherter Forelle und Meerrettichwölkchen

**Für 4 Personen**
30 g Butter
40 g gehackte Schalotten
50 g Rotwein
6 dl Gemüsefond
270 g Randen (rote Beten), gekocht und blättrig geschnitten
1 EL Rotweinessig
Salz und Kümmelpulver
1 TL Honig
50 g geräuchertes Forellenfilet, in Streifen geschnitten
½ dl flüssige Sahne

**Meerrettich-wölkchen**
½ dl geschlagene Sahne
Meerrettich, geraffelt (nach Belieben beigeben)
Salz und Pfeffer

Schalotten in Butter gut anschwitzen. Mit Rotwein ablöschen, mit Gemüsefond auffüllen und zum Kochen bringen. Die Randen mit Essig, Salz, Kümmel und Honig marinieren. Gemüsefond mit den marinierten Randen im Mixer fein pürieren. Alles in die Pfanne zurückgeben, aufkochen, mit flüssiger Sahne verfeinern und mit etwas Salz abschmecken. Forellenstreifen in die vorgewärmten Tassen geben und mit der Suppe auffüllen.

Die steifgeschlagene Sahne mit Meerrettich, Salz und Pfeffer abgeschmeckt in den dazu servierten Suppenlöffeln anrichten. Jeder Gast setzt das Wölkchen selbst auf die Suppe!

## Gefüllte Seezunge in Meursault mit Trüffeln

Für die Füllung die gehackten Champignons in Butter braten, bis die Flüssigkeit verdampft ist, mit Salz und Pfeffer würzen. Gehackte Trüffel beigeben und gut abkühlen lassen, eventuell im Tiefkühler. Seezungenfilets in kleine Streifen schneiden und leicht angefroren pürieren. Abwechslungsweise die gut durchgekühlten, abgetropften Pilze, die Sahne und das Eiweiß daruntermengen. Mit Salz und Pfeffer abschmecken. Diese Masse muß sehr kalt verarbeitet werden, damit sie sehr fein wird.

Jede Seezunge am Rückgrat entlang einschneiden und die Filets abheben, aber nicht vollständig lösen. Die entstandene Tasche mit der vorbereiteten Füllung füllen.

Die Fische in eine große, mit Butter ausgestrichene feuerfeste Form legen. Den Meursault und den Fischfond darübergießen, mit Salz, Pfeffer und Zitronensaft würzen. Mit einem mit Butter bestrichenen Pergamentpapier die Fische abdecken und im vorgeheizten Backofen bei 180 Grad etwa 15 bis 20 Minuten backen, bis die Füllung luftig-fest ist.

Die Fische aus der feuerfesten Form herausnehmen und die Flossen entfernen. Die Seezunge auf eine vorgewärmte Platte legen.

Die Garflüssigkeit bei starker Hitze einkochen und 1½ dl Sahne einrühren. Wird die Sauce leicht cremig, das Eigelb mit der restlichen Sahne verquirlen und die Sauce abbinden. Nicht mehr kochen lassen! Die Fische mit der Sauce überziehen, mit Trüffelscheiben ausgarnieren und sofort servieren.

*Tip:* Statt Seezunge können Sie auch Scholle oder Rotzunge verwenden.

**Für 4 Personen**
4 ganze Seezungen zu je 300 g, abgezogen und gesäubert
3 dl Meursault (französischer Weißwein)
2 dl Fischfond oder Wasser
2 dl Sahne
1 Eigelb
1 TL Zitronensaft
Salz und Pfeffer
15 g Butter
8 hauchdünne Trüffelscheiben (Rezept «Eingelegte Trüffeln», Seite 135)

**Füllung**
250 g Seezungenfilets
130 g feingehackte Champignons
Salz und Pfeffer
15 g Butter
1 kleine Trüffel, fein gehackt (ersatzweise 20 g getrocknete, eingeweichte Herbsttrompeten, fein gehackt)
1 Eiweiß
2 dl Sahne

## Gekochte Gerste mit Gemüseklein

Die rohe Gerste in viel, leicht gesalzenem Wasser etwa 25 Minuten weich kochen. 3 Minuten vor dem Abschütten die in 3 mm große Würfel geschnittenen Gemüse dazugeben und kurz aufkochen. Alles gut durch ein Sieb abtropfen lassen.

In eine Gemüseschüssel anrichten, mit viel Butterflocken bestreuen und mit einer Gabel vermischen. Eventuell etwas nachsalzen, mit Schnittlauch bestreuen.

**Für 4 Personen**
200 g rohe Gerste
Wasser
Salz
je 60 g Karotten, Lauch und Sellerie
20 g Butter
Schnittlauch, fein geschnitten

## Gehobelter Sbrinz mit Zitrone und Mandelöl

Für 4 Personen
200 bis 250 g Sbrinzkäse, in hauchdünne Scheiben geschnitten
1 ganze Zitrone
½ dl Mandelöl

Die Käsescheiben auf vier Tellern verteilen. Mit der Raffel etwas Zitronenschale darüberreiben. Separat dazu das Mandelöl servieren. Jeder Gast träufelt nach Geschmack ein paar Tropfen über den Käse.

Dazu servieren Sie dunkles Brot oder Birnenbrot.

# Backpflaumen-Charlotte mit Sherryschaumcreme

Backblech und Pergamentpapier mit Butter bestreichen. Backblech mit Pergamentpapier auslegen und leicht mit Mehl bestäuben. Den Backofen auf 220 Grad vorheizen. Eigelb, Zucker und Orangenschale in eine Schüssel geben und schlagen, bis die Masse sehr dick ist.

Das Mehl sorgfältig unterheben. Das Eiweiß schlagen, bis es steife Spitzen bildet. Ein Viertel des Eischnees unter die Eigelbmasse ziehen, damit sie leichter wird. Danach behutsam den restlichen Eischnee unterziehen.

Eine glatte Tülle mit 1 cm großer Öffnung auf einen großen Spritzbeutel setzen. Den Spritzbeutel mit der Biskuitmasse füllen und 10 cm lange und etwa 1 cm breite Streifen auf das vorbereitete Backblech spritzen. Zwischen den Streifen etwa 3 cm Abstand lassen. Die Biskuitstreifen leicht mit feinem Kristallzucker bestäuben und 8 bis 10 Minuten im Ofen backen, bis sie leicht braun sind.

Die Löffelbiskuits behutsam vom Papier abnehmen. Auf einem Kuchengitter abkühlen lassen.

Die Backpflaumen abtropfen und 15 Minuten mit der Zitronenschale in frischem Wasser köcheln lassen. Wieder abtropfen lassen, die Steine entfernen und die Pflaumen pürieren. Die Sahne schlagen und den Zucker hinzufügen. Das Backpflaumenpüree unter die Schlagsahne ziehen.

Die Seiten einer 1½ l fassenden Charlottenform mit Löffelbiskuits auslegen. Die Form zur Hälfte mit der Pflaumen-Sahne-Mischung füllen. Anschließend Löffelbiskuits einlegen.

Den Rest der Pflaumen-Sahne-Mischung einfüllen und wieder Löffelbiskuits darüberschichten. Mit einem Teller abdecken und 3 Stunden durchkühlen lassen. Aus der Form stürzen.

Für die Sherryschaumcreme Eigelb und Zucker in einen Topf geben, der die dreifache Menge faßt, und schaumig schlagen. Diesen Topf in einen größeren Topf stellen, so daß er zur Hälfte in dem fast siedenden Wasser steht.

Die Mischung weiter schlagen. Den Sherry und die abgeriebene Zitronenschale dazugeben. Weiter schlagen, bis die Masse aufschäumt. Den Topf aus dem Wasser nehmen und die Creme mit dem Schneebesen nochmals 1 bis 2 Minuten schlagen.

In eine Saucière anrichten und zur Backpflaumen-Charlotte servieren.

**Für 6 Personen**

**Löffelbiskuits ergibt etwa 30 Stück**

3 große Eier, Eigelb und Eiweiß getrennt
90 g feiner Kristallzucker
1 EL fein abgeriebene Orangenschale
75 g Mehl, zusammen mit 1 Prise Salz durch ein Sieb gestrichen

750 g Backpflaumen
1 Zitrone
250 g Sahne
100 g Kristallzucker
25 Löffelbiskuits, in Sherry getaucht

**Sherryschaumcreme**

3 Eigelb
100 g Kristallzucker
150 g Sherry
2 Zitronen, die Schale dünn abgerieben

# KNOBLAUCH – GELIEBT UND GEHASST

*Der Knoblauch ist die natürlichste Medizin zur Erhaltung einer guten Gesundheit. Schon die alten Ägypter verwendeten dieses Liliengewächs in Küche und Heilkunde. Der Pharao Cheops ließ sogar in hoher Verehrung der Pflanze eine Knoblauchzehe in die höchste Pyramide bei Gizeh einmeißeln. Herodot aus Halikarnassos berichtet, daß beim Bau der Cheopspyramide allein für die Zwiebel-, Rettich- und Knoblauchkost der Arbeiter 1600 Silbertaler aufgewendet wurden.*
*Dies entspricht einem heutigen Wert von 4 Millionen Franken – eine überaus hohe Summe für die Verpflegung von 100 000 Sklaven, die während 20 Jahren an der Pyramide tätig waren.*
*Auch die Griechen verwendeten große Mengen von Knoblauch, sie nannten ihn «Skordon», das bedeutet stinkende Rose.*
*Pythagoras hielt die Pflanze für den «König der Gewürze», und der römische Arzt Galenos bezeichnete den Knoblauch als das Allheilmittel der Bauern.*

## Kalte Knoblauchsuppe mit Weintrauben

Das Brot etwas ausdrücken und mit Knoblauch, Mandeln, Olivenöl und Essig im Mixer gut pürieren. Diese Masse gut zugedeckt etwa 1½ Stunden im Kühlschrank ziehen lassen. Etwas Salz und Pfeffer sowie die Brühe nach und nach im laufenden Mixer der Knoblauchmasse hinzufügen, bis die Suppe die gewünschte Konsistenz hat. Zuletzt mit der flüssigen Sahne verfeinern.

Die Weinbeeren in Tassen oder Teller verteilen, die Suppe hinzufügen und sofort servieren.

**Für 4 Personen**

1½ bis 2 große Knoblauchzehen
150 g weiße Trauben, geschält (siehe «Herbst in der Küche»)
200 g zerbröseltes Weißbrot, in kalter Fleischbrühe oder Gemüsebrühe eingeweicht
120 g geschälte Mandeln
1 dl Olivenöl
1½ EL Weißweinessig
etwas Salz und Pfeffer
5 dl Fleischbrühe oder Gemüsebrühe
1½ dl Sahne

## Knoblauchpaste

200 g Knoblauchzehen, geschält und fein gehackt
15 g Salz
2 dl Sonnenblumenöl

Salz und Sonnenblumenöl gut aufrühren, die Knoblauchzehen dazugeben und weiterrühren. Diese Masse sollte sich leicht binden. In gut schließende Gläser abfüllen.

Knoblauchpaste im Kühlschrank aufbewahren. Eine ideale Würzhilfe für Knoblauchliebhaber.

## Eingemachter Knoblauch süss-scharf

500 g Knoblauchzehen, geschält
80 g Zucker
1 dl Wasser
1 TL Salz
3 dl Obstessig
6 schwarze Pfefferkörner
1 Msp Cayennepfeffer

Die Knoblauchzehen in ein Einmachglas einschichten. Den Zucker in einer Pfanne karamelisieren, mit Wasser ablöschen. Die übrigen Zutaten beigeben und kochen lassen, bis sich der Zucker vollständig aufgelöst hat. Heiß über den Knoblauch geben, so daß dieser durch die Flüssigkeit bedeckt ist. Sofort schließen und 14 Tage ziehen lassen.

*Tip:* Eingemachter Knoblauch schmeckt ausgezeichnet zu fetter Wurst oder zu Terrine sowie zu Enten- oder Gänseconfit (Rezept Seite 17).

## Knoblauchbutter

250 g geschälte Knoblauchzehen
Salz
250 g Butter
Saft von 1 Zitrone
1 Eigelb

Die Knoblauchzehen in siedendes Wasser geben, kurz aufkochen und abschütten. Die Zehen trockenreiben und fein stoßen oder hacken.

Die Butter schaumig rühren, Zitronensaft und Salz hinzufügen und zuletzt den gehackten Knoblauch und das Eigelb beigeben.

## Getoastete Knoblauchbrötchen

In dünne Scheiben geschnittenes Parisettebrot oder dunkles Roggenbrot mit der obigen Knoblauchbutter bestreichen und im Backofen mit hoher Oberhitze toasten.

## Knoblauch, in Asche gegart

Für 4 Personen
8 bis 12 Knoblauchzwiebeln

Die unzerteilten Knoblauchzwiebeln in Alufolie einpacken, mit heißer Holzasche und Glut (offenes Feuer oder Holzkohlengrill) bedecken. So lange garen, bis die innersten Zehen ganz weich sind.

Die Zehen werden sehr heiß serviert, zu getoastetem, mit Butter bestrichenem Weißbrot. Sie werden wie eine Creme aus der Schale auf das Brot gedrückt und mit Salz leicht gewürzt.

*Tip:* Knoblauchzwiebeln können auch im Backofen, in Alufolie eingewickelt, gegart werden.

## Gebratener Knoblauch

etwa 20 Knoblauchzehen
Olivenöl
Salz

Pro Person 5 oder mehr ungeschälte Knoblauchzehen in Olivenöl in einer Gußpfanne im Ofen langsam braten.

Abtropfen lassen und mit Salz würzen. Warm servieren – als Beilage zu kräftigen und etwas fetten Braten.

## Scharfe Knoblauchsauce mit Haselnüssen

4 Knoblauchzehen
12 geröstete Haselnüsse
6 frische Pfefferminzblätter (oder getrocknete Minze)
Salz
2 getrocknete Paprikaschoten oder 1 EL Cayennepfeffer
3 Scheiben Weißbrot
0,8 dl Essig
1 Prise Zimt
¼ l Olivenöl
frisch gemahlener Pfeffer

Den Knoblauch, die Pfefferminzblätter sowie etwas Salz in einem Mörser gut zerstoßen. Die Haselnüsse hinzufügen und ebenfalls zerkleinern. Alle Zutaten zu einer glatten Paste verarbeiten. Danach das Mark der Paprikaschote oder den Cayennepfeffer und das Brot hinzufügen und zerstoßen. Die Zutaten wiederum zu einer glatten Paste verarbeiten. Zum Schluß das Öl tropfenweise unterrühren, bis die Sauce dickflüssig ist. Eventuell mit Salz und Pfeffer nachwürzen.

Diese Knoblauchsauce paßt ausgezeichnet zu Grilladen wie Kotelettes, Würstchen und Steaks.

# WETTERREGELN

Im Februar zu viel Sonne am Baum
läßt dem Obst keinen Raum.

***

Heftiger, kalter Nordwind im Februar
vermeldet ein gar fruchtbar Jahr.
Wenn der Nordwind aber im Februar nicht will,
dann kommt er sicher im April.

***

Bringt der Februar Gewitter,
merkt mit Schmerzen es der Schnitter.

***

Guter, milder Februar,
schlechter Frühling.

***

Ist der Februar trocken und kalt,
wirst im August vor Hitz' zerspringen.

***

Die Bauern haben es gern,
wenn im Februar Stürme fackeln,
daß den Ochsen die Hörner wackeln.

***

Die weiße Kappe im Februar
bringt Glück und Segen für's ganze Jahr.

***

Schaltjahr,
Kaltjahr.

***

Wer den Hafer sät im Horn, der hat viel Korn;
wer ihn sät im Mai, der hat viel Spreu.

# 14. FEBRUAR VALENTINSTAG

*Das Vorbereiten und Servieren eines Blumengerichtes beginnt schon im Frühling des Vorjahres, damit Sie die speziellen Düfte zur Hand haben.*
*Holen Sie sich in den Wintermonaten die übrigen Jahreszeiten auf den Teller, indem Sie es wie zu Großmutters Zeiten machen: einlegen oder einmachen.*

# Sag es mit Blumen

Apfel-Birnen-Sellerie-Salat
an Veilchenblütenessig

***

Lindenblütenschaumsüppchen

***

Jakobsmuscheln auf Sauerkraut
mit Safranblütensauce

***

Ente mit Feigen und Löwenzahnblütenmelasse
Kartoffelgratin mit Greyerzer Käse

***

Grießpudding mit Rosenwasser
und Himbeersauce

## Apfel-Birnen-Sellerie-Salat an Veilchenblütenessig

Eigelb, Salz, Pfeffer und Veilchenessig gut miteinander verrühren. Das Sonnenblumenöl langsam unterrühren, so daß eine cremige Sauce entsteht.

Zuletzt das Joghurt dazugeben.

Apfel, Birne und Sellerie in 3 mm große Würfelchen schneiden. Mit Zitronensaft und Honig marinieren und gut mit der Salatsauce vermengen.

Die Sonnenblumen- und Pinienkerne auf einem Blech im Ofen rösten.

Den Feldsalat sternförmig auf Teller anrichten. In deren Mitte den Apfel-Birnen-Sellerie-Salat geben. Mit gerösteten Sonnenblumen- und Pinienkernen bestreuen.

**Für 6 Personen**
je 100 g Apfel und Birne, beides entkernt
100 g geschälter Sellerie
½ Zitrone (Saft)
1 TL flüssiger Honig
je 20 g geröstete Sonnenblumen- und Pinienkerne
80 g Feldsalat

**Salatsauce**
1½ EL Veilchenessig (siehe «Frühling in der Küche»)
Salz, Pfeffer, 1 Eigelb
4 EL Sonnenblumenöl
2 dl Joghurt nature

## Lindenblütenschaumsüppchen

Bouillon mit Lindenblüten aufkochen. 5 Minuten auf der Seite stehenlassen und passieren. Die Lindenblütenbouillon wieder in die Pfanne zurückgeben. Salz, Pfeffer, Tabasco und Honig beigeben. Weißwein und Speisestärke anrühren und in die Suppe geben. Etwa 10 Minuten weiterkochen und mit Sahne verfeinern. In vorgewärmte Tassen anrichten und mit geschlagener Sahne ausgarnieren. Abgeriebene Zitronenschale darübergeben.

*Tip:* Als Einlage können Sie süße Maiskörner verwenden.

**Für 6 Personen**
7 dl Gemüse- oder Geflügelbouillon
1 Handvoll Lindenblüten
Salz und Pfeffer
einige Tropfen Tabasco
1 TL flüssiger Honig
1 dl trockener Weißwein
1 gestrichener EL Speisestärke
2 dl Sahne
½ dl Sahne, geschlagen
1 Zitrone, fein abgerieben

## Jakobsmuscheln auf Sauerkraut mit Safranblütensauce

Für 6 Personen
6 Jakobsmuscheln, aus den Schalen gelöst
40 g Butter
1 gehackte Schalotte
1 Msp Safranpulver
Salz
1 TL Cognac
1 TL trockener Wermut
1 Tomate
60 g kleine Champignons
3 dl Sahne
frischer Pfeffer
180 g gekochtes Sauerkraut (Grundrezept Seite 57)
Safranfäden

Die Butter in einer flachen Pfanne zerlassen, die Schalotten dazugeben und glasig werden lassen. Jakobsmuscheln, Safran und Salz hinzufügen, mit Cognac und Wermut ablöschen. Tomaten abziehen, entkernen, grob hacken, Champignons in dünne Scheiben schneiden, zu den Muscheln geben und 2 Minuten dünsten. Anschließend die Sahne beigeben und die Muscheln weitere 6 bis 8 Minuten dünsten. Die Jakobsmuscheln herausnehmen und in eine vorgewärmte Schüssel legen. Die Sauce einkochen, bis sie dick wird.

Mit Salz und Pfeffer würzen.

In einer zweiten Pfanne das Sauerkraut aufwärmen. In geputzte und vorgewärmte Jakobsmuschelschalen das Sauerkraut verteilen. Die Muscheln daraufsetzen und mit der Sauce überziehen. Das Gericht mit Safranfäden bestreuen und sofort servieren.

## Ente mit Feigen und Löwenzahnblütenmelasse

Für 6 Personen
3 kg Ente
24 getrocknete Feigen
½ l Portwein
2 EL Löwenzahnblütenmelasse (siehe «Frühling in der Küche», Rezept «Löwenzahnblütenhonig»)
40 g Butter
½ l kräftige, braune Kalbsbrühe (Jus)
schwarzer Pfeffer, Salz

In einer Schüssel mit gut schließendem Deckel den Portwein mit der Löwenzahnblütenmelasse vermengen. Rühren, bis sich alles aufgelöst hat, die Feigen darin einweichen, nach 36 Stunden herausnehmen.

Die Ente mit Pfeffer und Salz einreiben und in einem Schmortopf mit Butter 15 Minuten bräunen.

Mit dem Portwein-Löwenzahnblüten-Gemisch beträufeln. In den folgenden 20 bis 30 Minuten häufig damit begießen, bis der ganze Wein verbraucht ist. Die Feigen um die Ente herum anordnen, die Brühe zugeben und im Backofen bei 180 Grad etwa 30 Minuten weiterschmoren. Dabei häufig begießen.

Die Ente auf einer vorgewärmten Platte anrichten und mit den Feigen umlegen. Mit der entfetteten Schmorflüssigkeit begießen.

## Kartoffelgratin mit Greyerzer Käse

Für 6 Personen
1 kg festkochende Kartoffeln, geschält und in dünne Scheiben geschnitten
4 dl Sahne
6 dl Wasser
geriebene Muskatnuß
Majoran, Salz
125 g Butter
40 g geriebener Greyerzer Käse

Die Kartoffeln in eine feuerfeste Form geben. Die Sahne und so viel Wasser mit etwas Salz hinzufügen, daß die Kartoffeln knapp bedeckt sind. Mit etwas Muskat und Majoran bestreuen und 30 g Butter in Flöckchen darübergeben. Den Deckel auflegen und zum Kochen bringen. Im vorgeheizten Backofen bei 150 Grad etwa 30 Minuten garen. Die Form aus dem Backofen nehmen und zugedeckt 1 Stunde stehenlassen, damit die Kartoffeln die Flüssigkeit absorbieren können. Die Kartoffeln dann in eine gebutterte Auflaufform geben.

Die Flüssigkeit in einer Pfanne einkochen und zu den Kartoffeln geben. Den Greyerzer Käse darüberstreuen und die restliche Butter in Flöckchen darüber verteilen. Im vorgeheizten Backofen bei 220 Grad 20 Minuten gratinieren.

## Griesspudding mit Rosenwasser

Für 8 Personen
250 g Grieß
8 dl Milch
1 dl Sahne
1 dl Rosenwasser (siehe «Sommer in der Küche»)
260 g Zucker
2 Eier
Salz
6 Eiweiß
½ l tiefgekühlte Himbeeren
16 kandierte Rosenblätter (siehe «Sommer in der Küche»)

Milch und Sahne in einen Kochtopf geben und zum Kochen bringen. Nach und nach unter ständigem Rühren den Grieß hineinstreuen. Zugedeckt bei schwacher Hitze ungefähr 25 Minuten simmern lassen, bis der Grieß dick und glatt ist; dabei gelegentlich umrühren. Den Topf von der Kochstelle nehmen.

Eiweiß steif schlagen. Himbeeren pürieren und passieren, mit Puderzucker nach Belieben abschmecken.

Zucker, Rosenwasser, Eier und eine Prise Salz mit dem Grieß vermischen. Den steifen Eischnee unterziehen. Die Masse in eine glatte, mit Butter ausgestrichene Form geben. Die Form in einen Topf mit heißem Wasser stellen und den Pudding zugedeckt bei schwacher Hitze auf der Herdplatte oder im vorgeheizten Backofen bei 170 Grad 30 bis 40 Minuten garziehen lassen, bis er sich fest anfühlt. Die Form aus dem Wasserbad nehmen. Den Pudding abkühlen lassen und auf eine Servierplatte stürzen. Mit Himbeerpüree begießen. Mit den Rosenblättern dekorieren und servieren.

# *FASTNACHT*

*Die Fastnacht ist ein uralter heidnischer Brauch. Man hatte versucht, Segen und Fruchtbarkeit des beginnenden Jahres zu sichern, durch verschiedene Elemente wie Maskenlauf, Tanz, Lärm, Umzüge, Fackeln und Bälle.*
*In den katholischen Gegenden gilt als Fastnachtsbeginn meistens der 7. Januar, der Tag nach Dreikönige. Den Schluß bildet der Dienstag vor Aschermittwoch, an welchem die Fastenzeit eingeläutet wird.*
*Neben dem Brauchtum in den katholischen Gegenden gibt es noch die alte Fastnacht, die eine Wocher später stattfindet, wie zum Beispiel die Basler Fasnacht.*
*Zur ausgelassen-fröhlichen Stimmung gehört auch gutes und reichliches Essen. Die großen Zunftmahle bestanden schon früher aus typischen Saisonspezialitäten nach dem Motto: kräftig und deftig.*
*An einigen Orten wurde in dieser Zeit ein Schwein geschlachtet, und da wird noch heute üppig aufgetragen: Blutwürste, Leberwürste, Bratwürste, Speck und Eingesalzenes. Alles, was das Herz und der Gaumen begehren. Was aber nicht fehlen darf, sind die typischen Fastnachtsgebäcke. Diese Küchlein spielten schon im Mittelalter eine große Rolle. Mädchen und Burschen schenkten sich gegenseitig diese Kuchen oder Küchlein, auch Krapfen genannt, um ihre Liebhaber um den Finger zu wickeln.*

## Gerollte Salzheringe mit Kräuterbröseln

**Für 6 Personen**
6 Salzheringe (ohne Köpfe)
18 Sardellenfilets
150 g Butter
2 Eigelb
2 EL gehackte Petersilie, Kerbel und Fenchelkraut
Cayennepfeffer
5 EL Semmelbrösel
2 EL Zitronensaft

Salzheringe abziehen, filetieren und über Nacht in Milch einlegen. Sardellenfilets wässern und abtropfen lassen. Die Heringfilets in gleichmäßige Rechtecke schneiden. Die Reste mit den Sardellen pürieren oder fein hacken. 100 g Butter zur Sardellenmischung geben, dann mit Eigelb, Kräuter und Cayennepfeffer gründlich vermischen.

Die Heringfilets flach ausbreiten und mit Füllung bedecken. Aufrollen und dicht nebeneinander in eine mit Butter ausgestrichene Auflaufform legen. Mit Semmelbröseln bestreuen. Die restliche Butter zerlassen und über die aufgerollten Filets träufeln. Im vorgeheizten Backofen bei 200 Grad etwa 18 Minuten backen, bis die Oberfläche goldbraun ist.

Vor dem Servieren den Zitronensaft über den Fisch gießen.

## Überbackener Hering

**Für 4 Personen**
4 große Heringsfilets
400 g Kartoffeln
2 Zwiebeln
4 dl Kaffeerahm
1 zerkrümeltes Lorbeerblatt
1 TL Thymian
Salz
frisch gemahlener Pfeffer
1 Msp gemahlener Anis
3 EL grobgehacktes Fenchelkraut
4 EL Semmelbrösel
3 EL geriebener Greyerzer Käse
60 g Butter

Kartoffeln und Zwiebeln schälen, in dünne Scheiben schneiden, in einen Topf geben und knapp mit Kaffeerahm bedecken. Lorbeerblatt, Thymian, Salz, Pfeffer und Anis hinzufügen und etwa 20 Minuten garen. Die Hälfte der Kartoffelmischung in eine mit Butter ausgestrichene Auflaufform geben und mit der Hälfte des Fenchelkrauts bestreuen.

Die Heringsfilets mit Salz und dem Rest des Fenchelkrauts würzen und auf die Kartoffeln legen. Mit dem Rest der Kartoffelmischung und dem restlichen Rahm bedecken. Semmelbrösel und Käse vermischt darüberstreuen.

Mit Butterflöckchen belegen. Im vorgeheizten Backofen bei 200 Grad etwa 20 Minuten backen, bis der Fisch gar und die Kruste knusprig ist.

## Trüffelwürste

**Für 10 Personen**
1 kg mageres, zartes Schweinefleisch, fein gehackt
500 g Schweineflomen, fein gehackt
125 g feingehackte Trüffeln
40 g Salz
15 g frischgemahlener weißer Pfeffer
1/3 TL geriebene Muskatnuß
1 Msp frisch zerstoßene Muskatblüte
1 EL pulverisierter Majoran, Thymian und Kümmel
200 g Madeira
50 g Schweineschmalz
3 bis 4 Meter Wurstdärme

Hackfleisch, Flomen und Trüffeln mit den Gewürzen und dem Salz gut vermengen. Madeira daruntermischen und von der Mischung ein wenig zum Probieren braten.

Eventuell nachwürzen. Danach die Masse in einen Spritzbeutel mit Tülle oder Wurstspritze füllen und in die gesäuberten Därme einfüllen. Einzelne Würste abdrehen und binden. Eine schwarze Bratfpanne mit Schweineschmalz ausstreichen und die Würste hineinlegen. Im vorgeheizten Backofen bei 220 Grad 20 Minuten braten.

Trüffelwürste schmecken ausgezeichnet mit Sauerkraut.

## Schenkeli

Butter, Zucker und Ei schaumig rühren. Übrige Zutaten dazugeben und 1 Stunde im Kühlschrank abstehen lassen.

Den Teig zu fingerdicken Stangen formen und davon etwa 4 cm lange Stücke abschneiden. Diese in der Hand rollen, so daß die Anschnittstellen leicht spitz zulaufen. Weitere 30 Minuten im Kühlschrank abstehen lassen. In 160 Grad heißem Öl ungefähr 3 bis 4 Minuten schwimmend ausbacken. Auf Küchenpapier abtropfen lassen und abgekühlt servieren.

*Tip:* Der Teig kann auch tiefgekühlt verwendet werden. In diesem Fall in 160 Grad heißem Öl ungefähr 5 Minuten schwimmend ausbacken.

25 g Butter
60 g Zucker
1 Ei
1 Prise Salz
25 g geriebene Mandeln
125 g Mehl
½ TL Backpulver
Öl zum Ausbacken

## Öhrli, auch Hasenöhrli genannt

Die Butter schaumig schlagen, langsam abwechselnd Zucker und Eier daruntermischen. Danach das Salz, die Sahne mit abgeriebener Orangen- und Zitronenschale sowie den Kirsch unter die Masse rühren. Zuletzt das gesiebte Mehl dazumischen. Zu einem Teig verkneten und etwa 1½ Stunden im Kühlschrank ruhen lassen. Danach knapp ½ cm dick ausrollen und etwa 10 cm lange Rauten ausschneiden. Jedes Teigstück in der Mitte längs einschneiden und einen Zipfel des Vierecks durch die Öffnung ziehen. Die so entstandenen Öhrli in 170 Grad heißem Öl etwa 4 bis 5 Minuten ausbacken und auf einem Gitter gut abtropfen lassen.

75 g Butter
150 g Zucker
2 Eier
1 Prise Salz
1 dl Sahne
½ abgeriebene Zitrone
½ abgeriebene Orange
2 EL Kirschwasser
400 g Mehl
Öl zum Ausbacken

In der Schweiz heißen sie «Chnöiblätze»

## Fastnachtsküchlein

In einer Schüssel das Mehl zu einem Ring formen. Die restlichen Zutaten gut verrühren und in die Mitte des Mehlrings geben. Das Ganze zu einem glatten Teig vermengen, in eine Klarsichtfolie einpacken und etwa 1 Stunde im Kühlschrank ruhen lassen. Den Teig zu einer 3 cm dicken Wurst formen und in 16 gleich lange Teile schneiden. Hauchdünn (0,75 mm) zu runden Plätzchen ausrollen, eventuell ausziehen. Die Plätzchen bei 170 Grad im schwimmenden Öl ausbacken, auf Küchenkrepp abtropfen lassen. Mit Puderzucker bestäuben.

Ergibt etwa 16 Stück
400 g Mehl
3 Eier
20 g Zucker
60 g Kochbutter
13 g Kirschwasser
20 g Sahne
Puderzucker zum Bestäuben

# Käse-Symphonien

Dieses Gericht ähnelt einer Bayerischen Creme, ist aber nicht gesüßt und auch kein Dessert, sondern wird als Vorspeise serviert.

## Bayerische Creme mit Sbrinz und Bärlauch

**Für 4 Personen**
40 g geriebener Sbrinzkäse
3 dl Milch
5 Eigelb, geschlagen
3 Blatt Gelatine
1,5 dl geschlagene Sahne
1 TL Bärlauchpaste (siehe «Frühling in der Küche»)
Salz und Muskat

2,5 dl Milch erhitzen. Kurz vor dem Kochen die Milch über das Eigelb gießen und kräftig rühren. Die Mischung in den Kochtopf zurückgeben und bei schwacher Hitze rühren, ohne daß sie zum Kochen kommt. Sobald sie so dickflüssig ist, daß sie einen Löffel überzieht, die Eiermilch von der Kochstelle nehmen und abkühlen lassen. Dabei gelegentlich rühren, um die Bildung einer Haut zu verhindern.

Die Gelatine in der restlichen Milch einweichen. Im Wasserbad unter ständigem Rühren auflösen und der Eiermilch beigeben. Weiterrühren, damit sich die Gelatine vollkommen auflöst. Käse und Bärlauchpaste dazugeben und die Mischung vollständig abkühlen lassen. Die geschlagene Sahne darunterziehen, eventuell noch mit Salz nachwürzen und etwas geriebene Muskatnuß dazugeben. Die Creme in eine Ringform einfüllen und mindestens 1½ Stunden im Kühlschrank fest werden lassen.

Nach Belieben vor dem Servieren stürzen.

## Käse-Fondue mit Trüffeln

Die Innenseite eines Fondue-Keramiktopfes (Cacquelon) mit dem Knoblauch ausreiben. Den Wein hineingießen, mit Pfeffer und Muskat würzen, den Käse hinzufügen und die Mischung zum Kochen bringen. Bei mittlerer Hitze 8 bis 10 Minuten mit dem Schneebesen schlagen. Der Käse schmilzt langsam, und der Wein wird milchig. In der Mitte bildet der Käse einen Kloß und vermischt sich noch nicht mit dem Wein. Dies ist der richtige Zeitpunkt, die angerührte Kartoffelstärke beizugeben. Kräftig rühren. Die Masse wird allmählich dickflüssiger, und der Wein verbindet sich mit dem Käse. Nun den Marc unter ständigem Rühren hineingeben. Das Fondue erreicht nun seine endgültige Konsistenz. 1 Minute kochen lassen. Mit Pfeffer und Muskat abschmecken und die Trüffelscheiben daruntermischen. Den Keramiktopf auf einen Spirituskocher stellen. Das Fondue sollte schwach köcheln.

Für jeden Gast etwa 20 Brotwürfel berechnen. Diese sollten gerade so groß sein, daß sie mit einem Biß verzehrt werden können. Jeweils einen Brotwürfel auf die Fonduegabel stecken, in die gemeinsame Fondueschüssel eintauchen und gleichzeitig umrühren.

Zum Fondue wird Schwarztee oder trockener Weißwein getrunken!

**Für 4 Personen**
300 g Greyerzer Käse, in kleine Stücke geschnitten
150 g Tilsiter Käse, in kleine Stücke geschnitten
1 Knoblauchzehe, halbiert
3 dl sehr trockener Weißwein
frisch gemahlener Pfeffer
geriebene Muskatnuß
½ TL Kartoffelstärke, mit 1 TL Weißwein angerührt
1 frische weiße Trüffel, in sehr dünne Scheiben gehobelt
3 EL Marc
800 g Weißbrot, in Würfel geschnitten

## Emmentaler Soufflé

Die Butter zerlassen und die Brotwürfel darin auf allen Seiten goldbraun braten. In eine mit Butter ausgestrichene Auflaufform geben. In einem Kochtopf das Mehl mit der Milch und der Sahne vermischen und bei niedriger Temperatur unter ständigem Rühren erhitzen, bis die Mischung dick wird. Von der Kochstelle nehmen und abkühlen lassen.

Käse, Eigelb, Schnittlauch und Gewürze in die Milchmischung geben. Das Eiweiß unterheben und die Masse über die Brotwürfel in die Form füllen. Das Soufflé im vorgeheizten Backofen bei 180 Grad etwa 30 bis 40 Minuten backen, bis es aufgegangen und die Oberfläche goldbraun ist.

**Für 4 Personen**
100 g Emmentaler Käse, gerieben
30 g Butter
250 g Weißbrot ohne Rinde, in Würfel geschnitten
40 g Mehl
3 dl Milch
3 dl Sahne
4 Eigelb, verquirlt
4 Eiweiß, steif geschlagen
1 EL feingeschnittener Schnittlauch
Salz
Cayennepfeffer
geriebene Muskatnuß

# BACKEN IM EINMACHGLAS

*Praktisch jedes Gebäck kann im Einmachglas gebacken werden: offen, weil sich nur so die gewünschte Kruste bildet, die auch den Geschmack verstärkt, oder im geschlossenen Glas, wenn wir den Kuchen später als Diätprodukt verwenden oder ihn erst kurz vor dem Verzehr aufbacken wollen.*
*Für diese Art des Backens benötigen wir Sturzgläser, weil wir das Gebäck sonst später nicht unbeschädigt aus dem Glas bekommen. Vor dem Einfüllen müssen die Gläser immer gut mit Butter ausgestrichen und je nach Rezept noch mit geriebenen Nüssen, Schrot oder Bröseln ausgestreut werden, damit das Stürzen leichter geht (was vor allem für den Boden des Glases gilt).*
*Mit dem Backen im Einmachglas erledigen wir zwei Fliegen auf einen Schlag: wir handeln energiebewußt, indem wir mehrere Kuchen auf einmal zubereiten, und wir sind nie verlegen bei unerwartetem Besuch oder wenn uns die Lust auf etwas Selbstgebackenes überkommt. Denn diese Köstlichkeiten können über mehrere Monate gelagert und in Windeseile serviert werden.*

*SO GELINGT'S IMMER*

*Teige ohne Triebmittel werden etwa ¾ hoch ins Glas eingefüllt. Rührteige mit Triebmittel höchstens bis zur Hälfte und Hefeteige nur bis zu ⅓ des Glases einfüllen. Die Glasränder immer sehr sauber halten.*

*Die Gläser immer im Wasserbad stehend bei 180 Grad im vorgeheizten Backofen (Hefegebäck bei 200 Grad) etwa 60 Minuten backen. Je nach Teigart muß die Backzeit verkürzt oder verlängert werden.*

*Das beste Mittel zur Kontrolle des Garzustands ist ein dünnes Hölzchen. Das Hölzchen sollte in die Mitte des Gebäcks gesteckt weden. Wenn kein Teig haften bleibt, ist das Backgut durchgebacken.*

*Die Gläser danach vorschriftsgemäß verschließen und mit einem feuchten Tuch bedecken. Während 25 bis 30 Minuten im Wasserbad im Ofen pasteurisieren.*

*Die zweite Möglichkeit ist das Backen ohne Kruste. Die gefüllten Gläser werden sofort geschlossen und im Einkochtopf 90 bis 120 Minuten gegart beziehungsweise pasteurisiert. Die Gläser sollten etwa zu ⅔ im Wasser stehen.*

*Zu beachten: Je schwerer der Teig, um so länger die Garzeit. Das Backgut immer im Wasserbad auskühlen lassen, weil es darin nachgaren soll. Die Gläser dürfen sich gegenseitig nicht berühren und nicht mit den Wänden des Wasserbades in Kontakt kommen, damit sie keine Risse bekommen.*

## Karottentorte

**Ergibt 3 Gläser**
10 Eigelb
8 Eiweiß
380 g Puderzucker
400 g sehr fein gemahlene Haselnüsse
100 g Kartoffelstärke
400 g rohe, feingeriebene Karotten
2 Zitronen (Saft und fein abgeriebene Schale)
1 Prise Salz
geschälte, gehobelte Mandeln zum Ausstreuen der Gläser

Die Hälfte des Zuckers, Eigelb, Zitronenschale und -saft zusammen gut verrühren. Mit den geriebenen Karotten und dem Salz vermischen.

Die Eiweiß zu festem Schnee schlagen, unter Beigabe des restlichen Zuckers, der mit der Kartoffelstärke vermischt wurde.

Danach die beiden Massen sorgfältig vermengen und in die gebutterten, mit den Mandeln ausgestreuten Gläser etwa zu 3/4 einfüllen. Die Glasränder sauber halten. Die Gläser in ein Wasserbad stellen und bei 180 Grad im vorgeheizten Backofen etwa 70 Minuten backen. Mit einem Hölzchen die Garprobe machen. Danach die Gläser mit Gummiringen vorschriftsgemäß verschließen und mit einem feuchten Tuch bedecken. Nochmals 25 Minuten im Wasserbad bei gleicher Temperatur im Ofen pasteurisieren.

Die so zubereitete Karottentorte ist etwa 6 Monate haltbar.

## Marmorierter Schokolade-Gugelhupf

**Ergibt 5 Gläser**
500 g Butter
600 g Zucker
10 ganze Eier
1 l Milch
1,2 kg Mehl
200 g ungesüßtes Schokoladepulver
50 g Backpulver
1 Prise Salz
fein abgeriebene Schale von 1 Zitrone
Brösel zum Ausstreuen der Gläser

Mehl und Backpulver zusammen sieben. Butter und Zucker schaumig rühren. Abwechslungsweise Eier, Milch und Mehl sowie Zitronenschale und Salz daruntermischen.

Den Teig teilen und unter die eine Hälfte das gesiebte Schokoladepulver mischen. In die gebutterten und mit Bröseln ausgestreuten Gläser die weiße und die braune Masse abwechselnd in kleinen Portionen einfüllen (zu 3/4). Die Glasränder sauber halten.

Die Gläser in ein Wasserbad stellen und bei 190 Grad im vorgeheizten Backofen etwa 60 Minuten backen. Mit einem Holzstäbchen die Garprobe machen. Die Gläser danach vorschriftsgemäß verschließen und mit einem feuchten Tuch bedeckt 25 Minuten im Wasserbad bei gleicher Temperatur im Ofen pasteurisieren. Die Backware bleibt dadurch etwa 6 Monate haltbar.

# Baba-Hefekuchen

Die Hefe in der lauwarmen Milch (35 Grad) auflösen und etwas Mehl (etwa 3 EL) dazurühren, bis sich ein weicher Teig bildet. Diesen Teig (Vorteig) zugedeckt bei sehr mäßiger Wärme aufgehen lassen. In der Zwischenzeit die weichgeknetete Butter und den Zucker zusammen verrühren. Alle anderen Zutaten dazugeben und zu einem Teig verarbeiten. Diesen Teig mit der Hand tüchtig auf die Arbeitsfläche schlagen, bis er Blasen wirft. Den aufgegangenen Vorteig dazumischen und das Ganze nochmals tüchtig durchschlagen. Danach in gut gebutterte, mit gemahlenen Mandeln bestreute Gläser zu etwa 1/3 einfüllen. Die Glasränder sauber halten. Die Masse bei sehr mäßiger Wärme gehen lassen, bis sie die Gläser zu 2/3 füllt.

Nun die Gläser ins Wasserbad stellen und bei 200 Grad etwa 60 Minuten im vorgeheizten Backofen backen. Mit einem Holzstäbchen die Backprobe durchführen. Die Gläser vorschriftsgemäß verschließen und mit einem feuchten Tuch bedeckt nochmals 30 Minuten im Wasserbad im Ofen pasteurisieren.

Vor Gebrauch das Hefegebäck aus den Gläsern stürzen und mit Sirup begießen. Für den Sirup alle Zutaten außer dem Rum kurz aufkochen und etwa 10 Minuten ziehen lassen. Den Tee abseihen und zum Schluß den Rum dazugeben.

**Ergibt 3 Gläser**

350 g Mehl
25 g Hefe
1 dl Milch
125 g Butter
4 Eier
5 g Salz
fein abgeriebene Schale von 1 Zitrone
15 g Zucker
100 g Korinthen
gemahlene Mandeln zum Ausstreuen der Gläser

**Sirup**

2 dl Schwarztee
2 dl Wasser
250 g Zucker
1 Zitrone (Saft und fein abgeschälte Schale)
1 Orange (Saft und fein abgeschälte Schale
1 Nelke
1/4 Zimtstange
2 dl Rum

## Haupterntezeiten der Baum-, Beeren-, Feld-, Wald- und Heckenfrüchte

| | Januar | Februar | März | April | Mai | Juni | Juli | August | September | Oktober | November | Dezember |
|---|---|---|---|---|---|---|---|---|---|---|---|---|
| Berberitze | | | | | | | | | | nach dem 1. Frost | | |
| Brombeere | | | | | | | ◆ | ◆ | | | | |
| Eberesche | | | | | | | | | ◆ | ◆ | | |
| Edelkastanie | | | | | | | | | | ◆ | | |
| Eiche | | | | | | | | | ◆ | | | |
| Fichtensprossen | | | | | ◆ | ◆ | | | | | | |
| Haselnuß | | | | | | | | | ◆ | ◆ | | |
| Heidelbeere | | | | | | | ◆ | ◆ | | | | |
| Himbeere | | | | | | | ◆ | ◆ | ◆ | | | |
| Holunder rot | | | | | | | ◆ | ◆ | | | | |
| Holunder schwarz | | | | | | | | | ◆ | ◆ | | |
| Hundsrose (Hagebutte) | | | | | | | | ◆ | ◆ | ◆ | | |
| Kartoffelrose | | | | | | | | | ◆ | ◆ | | |
| Kornelkirsche | | | | | | | ◆ | ◆ | | | | |
| Mehlbeere | | | | | | | | | ◆ | ◆ | | |
| Mispel | | | | | | | | | | nach dem 1. Frost | | |
| Moosbeere | | | | | | | | | ◆ | ◆ | | |
| Preiselbeere | | | | | | | | ◆ | ◆ | | | |
| Rauschbeere | | | | | | | ◆ | ◆ | ◆ | | | |
| Sanddorn | | | | | | | | | ◆ | ◆ | | |
| Schlehdorn (Weißdorn) | | | | | | | | | ◆ | ◆ | ◆ | |
| Vogelkirsche | | | | | | | ◆ | ◆ | | | | |
| Wacholder | | | | | | | | | ◆ | ◆ | | |
| Walderdbeere | | | | | | ◆ | ◆ | ◆ | | | | |
| Walnuß | | | | | | | | | | ◆ | ◆ | |

## Haupterntezeiten der Wildgemüse

| | Januar | Februar | März | April | Mai | Juni | Juli | August | September | Oktober | November | Dezember |
|---|---|---|---|---|---|---|---|---|---|---|---|---|
| Bärlauch* | | | | ◆ | ◆ | | | | | | | |
| Brennessel | | | | ◆ | ◆ | | | | | | | |
| Brunnenkresse | | | ◆ | ◆ | ◆ | | | | | | | |
| Gänseblümchen | | | | ◆ | ◆ | ◆ | ◆ | ◆ | | | | |
| Hopfen | | | | | ◆ | ◆ | | | | | | |
| Löwenzahn | | | | ◆ | ◆ | | | | | | | |
| Pastinak | | | | | | | | | | ◆ | | |
| Sauerampfer | | | | ◆ | ◆ | ◆ | ◆ | ◆ | | | | |

*Erntezeit vor der Blütezeit

## Haupterntezeiten der Wildkräuter und Wildsalate

| | Januar | Februar | März | April | Mai | Juni | Juli | August | September | Oktober | November | Dezember |
|---|---|---|---|---|---|---|---|---|---|---|---|---|
| Ackerminze | | | | | | ◆ | ◆ | ◆ | ◆ | | | |
| Ackersenf | | | | | ◆ | ◆ | ◆ | ◆ | ◆ | ◆ | | |
| Aronstab | | | ◆ | ◆ | | | | | | | | |
| Bachbunge | | | | | ◆ | ◆ | ◆ | ◆ | | | | |
| Birke | | | | ◆ | ◆ | | | | | | | |
| Bitteres Schaumkraut | | | ◆ | ◆ | ◆ | ◆ | | | | | | |
| Brennessel | | | | ◆ | ◆ | | | | | | | |
| Feldquendel (Dost) | | | | | | ◆ | ◆ | ◆ | ◆ | | | |
| Feldsalat | | | ◆ | ◆ | | | | | | | | |
| Frauenmantel | | | | | ◆ | ◆ | ◆ | ◆ | | | | |
| Gänseblümchen | | | | ◆ | ◆ | ◆ | ◆ | ◆ | | | | |
| Gundelrebe | | | ◆ | ◆ | | | | | | | | |
| Hirtentäschel | | | ◆ | ◆ | ◆ | ◆ | ◆ | ◆ | ◆ | ◆ | ◆ | |
| Huflattich | | ◆ | ◆ | ◆ | | | | | | | | |
| Echte Kamille | | | | | ◆ | ◆ | ◆ | ◆ | | | | |
| Kümmel | | | | | | | ◆ | ◆ | | | | |
| Lavendel | | | | | | | ◆ | ◆ | | | | |
| Löwenzahn | | | | ◆ | ◆ | | | | | | | |
| Wilder Majoran (Oregano) | | | | | | | ◆ | ◆ | | | | |
| Milzkraut | | | ◆ | ◆ | ◆ | | | | | | | |
| Mohn-Klatsch | | | | | | | | ◆ | | | | |
| Pimpernelle | | | ◆ | ◆ | ◆ | ◆ | | | | | | |
| Portulak | | | | | | ◆ | ◆ | ◆ | ◆ | | | |
| Ringelblume | | | | | | ◆ | ◆ | ◆ | ◆ | ◆ | | |
| Sauerampfer | | | | ◆ | ◆ | ◆ | ◆ | ◆ | | | | |
| Sauerklee | | | | ◆ | ◆ | ◆ | | | | | | |
| Scharbockskraut* | | | ◆ | ◆ | | | | | | | | |
| Schlüsselblume | | | ◆ | ◆ | ◆ | | | | | | | |
| Schnittlauch wild | | | | ◆ | ◆ | ◆ | | | | | | |
| Spitzwegerich | | | | ◆ | ◆ | ◆ | ◆ | ◆ | ◆ | | | |
| Stiefmütterchen | | | | ◆ | ◆ | ◆ | ◆ | ◆ | ◆ | ◆ | | |
| Sumpfdotterblume | | | | ◆ | ◆ | | | | | | | |
| Veilchen | | | ◆ | ◆ | | | | | | | | |
| Waldmeister* | | | | ◆ | ◆ | | | | | | | |
| Wiesenkerbel | | | | ◆ | ◆ | | | | | | | |
| Wiesenklee rot und weiß | | | | | ◆ | ◆ | ◆ | ◆ | | | | |
| Wiesensalbei | | | | | ◆ | ◆ | ◆ | | | | | |
| Winterlinde/Sommerlinde | | | | | ◆ | ◆ | | | | | | |

# *TIPS ZUM SAMMELN UND AUFBEWAHREN VON WILDPFLANZEN*

*Wer Felder, Wiesen und Wälder durchstreift, um Kräuter und Pflanzen für die Naturküche zu sammeln, sollte wissen, wie man sich dabei richtig verhält. Es wäre falsch verstandene Liebe zur Natur, wenn wir unsere Wildpflanzen wahllos pflücken würden. Für die Rezepte der Wildkräuterküche genügen oft schon kleine Mengen. Von Pflanzen, die unter Naturschutz stehen, halten wir uns selbstverständlich fern. Das Sammeln ist also nur dort erlaubt, wo die Pflanzen in reichlicher Menge wachsen. Gepflückt wird davon höchstens ein Zehntel. Blüten und Blätter einzeln mit der Schere abschneiden oder sorgfältig abzupfen. Niemals ganze Zweige abreißen oder gar Wildpflanzen mitsamt ihren Wurzeln ausgraben. Durch verantwortungsbewußtes Verhalten tragen wir zum Fortbestand unserer einheimischen Pflanzenwelt bei.*

*Gesammelt werden die noch geschlossenen Knospen, die voll entfalteten Blüten und die vollständig ausgereiften Früchte der Wildpflanzen. Immer nur trockene Pflanzen pflücken, da sie sich sonst beim späteren Trocknen verfärben oder gar schimmeln.*

*Zum Sammeln am besten kleine Jute- oder Leinensäcke oder - vor allem für Beeren - Körbe verwenden.*

*Zu meiden sind Kartoffel- und Getreidefelder sowie die Umgebung von Obstbäumen, weil hier meistens mit giftigen Mitteln gespritzt wird. In der Nähe von Straßen ist die Schadstoffbelastung zu hoch.*

*Kräuter und Pflanzen, die nicht frisch verwendet werden, kann man trocknen (auf Küchenpapier oder Tüchern an einem luftigen, schattigen Ort oder notfalls bei niedrigster Temperatur im offenen Backofen). Die meisten können auch eingefroren und einige in Öl oder Essig eingelegt werden. Die getrockneten Pflanzen gut verschlossen an einem trockenen, dunklen Ort aufbewahren.*

*Die Sammelzeiten können je nach Wetterverlauf und Standort variieren. In den Bergen blühen und reifen die Pflanzen und Früchte oft bis zu drei Wochen später als im Flachland.*

# Rezeptverzeichnis nach Speisenfolge

## Suppen

Apfel-Ingwer-Suppe 159
Bohnensuppe mit Schweinsfüßen und Rippchen 121
Borschtsch mit geräuchertem Stör 124
Feldsalat-Cremesuppe 53
Feurige Kuttelsuppe 122
Kalte Knoblauchsuppe mit Weintrauben 171
Karotten-Orangen-Suppe mit Lebkuchengewürz 159
Kastaniencremesuppe mit Greyerzer Käse und Zimt 47
Kräftige Bohnensuppe mit Schweinsfüßen und Rippchen 121
Lindenblütenschaumsüppchen 177
Kohlsuppe mit saurer Sahne 117
Makrelensuppe mit Wintergemüse und Fenchelkraut 123
Miesmuschelsuppe mit Kartoffeln und Safran 131
Muschel-Fenchel-Cremesuppe mit Safran 123
Ochsenschwanzsuppe mit Portwein und Gerste 67
Polnische Randensuppe (Borschtsch) 109
Randensuppe mit geräucherter Forelle und Meerrettichwölkchen 166
Schwarzwurzelsuppe mit Anis 108
Suppeneintopf mit Huhn, Lauch und Backpflaumen 125
Süße Apfel-Trüffel-Suppe 135
Topinambursuppe mit Haselnüssen 33
Topinambursuppe mit Zimt 112

## Salate und kleine Gerichte

Apfel-Birnen-Sellerie-Salat an Veilchenblütenessig 177
Apfel-Topinambur-Salat an Haselnußsauce 166
Bohnensalat mit Anis 156
Bohnensalat mit Vanille 157
Bunter St.-Nikolaus-Gemüsesalat 42
Chicorée-Torte 76
Chicoréesalat mit Champignons, Vanille und Orangen 157
Kartoffelblinis mit Lachs und Preiselbeer-Meerrettich-Sahne 52
Kohlsalat 117
Linsensalat mit Anis 156
Mousse von Brokkoli und Gänseleber 94
Ochsenschwanz-Rillettes mit Lebkuchengewürz 15
Ochsenschwanz-Rillettes mit Tomatenchutneysauce 12
Ochsenschwanzsalat mit Kartoffeln und Apfelperlen 126
Rillettes mit Chicorée und Orangenfilets 12
Rillettes mit in Honig eingemachten Äpfeln 12
Rillettes mit Kohlsalat 12
Rillettes mit Randen-Apfel-Salat 12
Rillettes mit Sauerkrautsalat 12
Rübenpudding* 107
Rustikaler Kohlsalat 117
Sauerkrautkuchen mit Nüssen und Rosinen* 58
Sauerkrautsalat 56
Topinambursalat 111

## Fisch und Meerfrüchte

Bismarckhering in Kräuter-Senf-Sauce 103
Eingelegte Kabeljaufilets 101
Eingelegte Rollmöpse mit Kräutern 102
Gedünsteter Chicorée an Orangenbuttersauce mit Seezungenröllchen 77
Gefüllte Seezunge in Meursault mit Trüffeln 167
Gerollte Salzheringe mit Kräuterbröseln 181
Jakobsmuscheln auf Sauerkraut mit Safranblütensauce 178
Kabeljau in Rotwein mit Lebkuchenbröseln 95
Karpfen mit Sauerkraut und Preiselbeerkompott 58
Kohleintopf mit Lamm und Garnelen 118
Lachs-Pistazien-Terrine mit Trüffeln 46
Marinierter Seeteufel und Lachs mit Senf-Dill-Sauce 18
Roher Lachs an Limetten-Kräuter-Marinade auf Feldsalat 66
Rotbarsch oder Zander mit Meerrettich-Sahne 161
Salzheringe mit Kräuterbröseln 181
Sauerkraut mit gegrillten Scampischwänzchen 59

Sauerkraut mit Miesmuscheln 59
Seeteufelragout an Anissauce 162
Seeteufelragout mit Chicorée an Orangensauce 76
Steinbuttfilets auf Lauchgemüse mit grünen Walnüssen 33
Süß-säuerlich gewürzte Heringsfiletstreifen 101
Überbackener Hering 181

## Geflügel

Braisierter Hahn in Rotwein 132
Eingelegte Gans auf Winterspargel an Orangensauce mit grünen Nüssen 69
Ente mit Feigen und Löwenzahnblütenmelasse 178
Enten-Sauerkirschen-Terrine 32
Geflügellebermousse mit Apfelsalat und süß-sauren Preiselbeeren 140
Jungente mit süß-saurer Brombeersauce 53

## Fleisch

Fleischtorte mit Trockenfrüchten 43
Gebratene Kalbsbriesnüßchen auf Tomatenchutney und gebackene Chicoréespitzen 68
Gefüllter, geräucherter Schweinsfuß «Zamponi» 130
Kalbsbrust, mit Anis und Weißwein geschmort 163
Kalbsfiletmedaillons an Nougatsauce auf Chicorée 96
Kalbshaxe in Orange und Glühweingewürz 163
Kalbshirn-Crépinettes mit Lebkuchenbröseln 160
Kohl-Sahne-Linsen mit Ochsenschwanz 119
Kohleintopf mit Lamm und Garnelen 118
Lammkarree auf Sauerkraut mit Lebkuchenbröseln 60
Leberterrine mit Zimt 158
Mit Tannenreisig geräucherte Lammrückenfilets auf Lauchgemüse mit Heidelbeeren 48
Ochsenbrust in Gemüsegelee mit Walnüssen 127
Rindsfiletgulasch mit Sauerkraut an Paprika-Sauerrahm-Sauce 61
Trüffelwürste 182

## Gemüse

Chicorée mit Dörrfrüchten 77
Fritierte Schwarzwurzeln mit Tomatenchutneysauce* 108
Gebratener Chicorée, mit Haselnüssen paniert* 75
Gekochte Sauerrüben 107
In Zitrussaft gedünsteter Chicorée 75
Kohleintopf mit Lamm und Garnelen 118
Kohlrouladen mit Sultaninen* 120
Randen, wie sie auch die Russen lieben 109
Sauerkraut in Sahne und Schaumwein mit süß-sauren Preiselbeeren 57
Sauerkraut, Grundrezept 57
Topinamburs mit Knoblauch* 112
Topinamburs, in Rotwein gedünstet* 113
Überbackene Topinamburs* 112
Weißkohlklöße mit Greyerzer Käse* 118
Weißrübengratin* 107

## Teigwaren, Getreide, Hülsenfrüchte

Gekochte Gerste mit Gemüseklein 167
Kichererbseneintopf mit Kalbsfüßen, mit Ingwer und Safran gewürzt 160
Kohl-Sahne-Linsen mit Ochsenschwanz 119
Malfatti, gefüllt mit Spinat, Ricotta und Bärlauchpaste* 95
Sauerkraut-Vollkornstrudel* 61
Sauerkraut-Vollkornteigtäschchen mit Salbei und brauner Butter* 60

## Beilagen, Saucen

Butter-Fisch-Paste 102
Gebratener Knoblauch 173
Getoastete Knoblauchbrötchen 172
Kartoffelgratin mit Greyerzer Käse 179
Knoblauch, in Asche gegart 173
Knoblauchbrötchen 172
Knoblauchbutter 172
Orangensauce 76
Scharfe Knoblauchsauce mit Haselnüssen 173
Senf-Dill-Sauce 18
Topinamburchips 111

## Käsegerichte

Bayerische Creme mit Sbrinz und Bärlauch 184
Emmentaler Soufflé 185
Gehobelter Sbrinz mit Zitrone und Mandelöl 168
Käse-Fondue mit Trüffeln 185

## Süssspeisen

Äpfel, im Ofen geschmort 141
Apfelauflauf mit Aprikosen 142
Apfelpudding 144

Aprikosen-Chablis-Eisbombe 97
Aprikoseneis 97
Backpflaumen-Charlotte mit Sherryschaumcreme 169
Birnen in Rotwein und Zimt 145
Birnen-Charlotte mit Holundersirup 146
Birnenterrine mit Weinschaumcreme 145
Chablis-Eis 97
Christmas Pudding 70
Dörrbirnenmousse 146
Fencheleis 149
Fenchelkompott 149
Gebackene Dörrbirnenravioli mit Joghurt-Zimt-Sauce 147
Gefrorener Plumpudding 71
Gefrorenes Nougatparfait mit Trüffeln an Aprikosensauce mit Perzipan 138
Gemüse-Orangen-Ragout mit Campari 150
Gestürzter Apfelpudding 144
Grießpudding mit Rosenwasser 179
Honigeis 81
Im Ofen geschmorte Äpfel 141
Mit Trüffelsabayon überbackene Birnen 137
Mohnparfait mit Löwenzahnblütenmelasse 54
Pfannkuchen mit Mandarinenbutter 44
Pochierte Birne in Holundersaft 34
Schokolademousse mit Karotten 151
Schwarzwurzel-Mokka-Bavaroise 151
Süße Topinamburs 152
Süßer Chicoréesalat 148
Tabakrollen, mit eingelegten Beeren gefüllt 133
Topinamburgratin 152
Topinamburmousse 152
Topinambur-Trüffel-Soufflé 113
Trüffelsahneeis 138
Trüffelmousse 139
Trüffelquarktorte 136
Trüffelsoufflé 137
Überbackene Maiskörner mit Dörrfrüchten 150

## Gebäck und Konfekt

Anis-Weihnachtsbrötchen 25
Apfelkonfekt 142
Apfelkugeln 143
Apfeltorte nach Madame Tatin 143
Baba-Hefekuchen im Glas 189
Basler Lebkuchen 36
Berner Honiglebkuchen 36
Brot-Apfel-Kuchen 144
Brunsli 25
Christstollen 72
Cognac- oder Barbaraweichseln 34
Damenküsse 25
Dattel-Nuß-Kuchen 49
Dreikönigskuchen 115
Elisenlebkuchen 37
Fastnachtsküchlein 183
Fenchelcake 149
Gebrannte Nüsse oder Mandeln 26
Gefüllte Datteln 26
Gelee aus Zitrusfrüchten 153
Grassins 26
Grittibänz 40
Hafer-Honig-Kekse 81
Haferflockenkekse 27
Haselnuß-Rum-Kugeln 28
Honig-Crackers 80
Honigkuchen mit Datteln und Nüssen 79
Honigküsse 80
Honigleckerli 80
Honigtaler 81
Ingwerkekse 27
Kandierte Karotten 148
Kandierter Fenchel 148
Karottentorte im Glas 188
Königskuchen 115
Luzerner Lebkuchen 37
Mandel-Kakao-Plätzchen 28
Marmorierter Schokolade-Gugelhupf im Glas 188
Mokka-Pralinen 26
Nürnberger Lebkuchen 38
Nußbusserl 27
Nußlebkuchen mit Rosenwasser 38
Öhrli, auch Hasenöhrli genannt 183
Schenkeli 183
Schokoladedukaten 29
Schokoladetrüffeln mit Minze 29
Silvesternachtsbrot 98
Vanillekipferl 28
Weihnachtsbaumstamm mit Kastanien 73
Weihnachtsbrot (Vörtlimpor) 71
Weiße Schokoladetrüffeln mit schwarzen Trüffeln 139
Zimtsterne 29

## Getränke

Bierpunsch 85
Damenkränzchenpunsch 84
Diskussionspunsch 85
Eierpunsch 85
Feuerzangenbowle 98
Honigwein 79
Kaffeepunsch 84
Kräuterlikör nach Apothekerart 87

Kümmellikör 87
Lebenswasser 88
Lebkuchenlikör 87
Orangenlikör 89
Rumpunsch 84
Schneepflügerpunsch 83
Schwarzwälder Punsch 83
Vanillelikör 88
Wassail-Bowle 83
Whiskypunsch 84
Winterkräuterlikör 88
Zitronen-Eier-Likör 89

## Eingemachtes, Eingelegtes

Apfel-Chutney 21
Blutorangenkonfitüre 22
Eingelegte Datteln 91
Eingelegte Trüffeln 135
Eingemachte Äpfel in Honig 21
Eingemachter Knoblauch, süß-scharf 172
Einlegen von Sauerrüben 106
Feigen in Cognac 91
Gesalzene Fischpaste mit Kräutern 102
Kaninchen-Rillettes 14
Karottenkonfitüre 21
Knoblauchpaste 172
Konservierte Ente 17
Randen-Pickles 125
Rillettes aus Gänsefleisch 13
Rumtopf mit Beeren 91
Schweinefleisch-Rillettes 14
Weinsauerkraut 56
Zitronenkonfitüre mit Minze 22

# Alphabetisches Rezeptverzeichnis

Anis-Weihnachtsbrötchen 25
Äpfel, im Ofen geschmort 141
Apfel-Birnen-Sellerie-Salat
an Veilchenblütenessig 177
Apfel-Chutney 21
Apfel-Ingwer-Suppe 159
Apfel-Topinambur-Salat
an Haselnußsauce 166
Apfelauflauf mit Aprikosen 142
Apfelkonfekt 142
Apfelkugeln 143
Apfelpudding 144
Apfelsalat 12, 140
Apfeltorte nach Madame Tatin 143
Aprikosen-Chablis-Eisbombe 97
Aprikoseneis 97
Baba-Hefekuchen im Glas 189
Backpflaumen-Charlotte
mit Sherryschaumcreme 169
Basler Lebkuchen 36
Bayerische Creme mit Sbrinz
und Bärlauch 184
Berner Honiglebkuchen 36
Bierpunsch 85
Birnen in Rotwein und Zimt 145
Birnen, mit Trüffelsabayon
überbacken 137
Birnen-Charlotte mit Holundersirup 146
Birnenterrine mit Weinschaumcreme 145
Bismarckhering in
Kräuter-Senf-Sauce 103
Blutorangenkonfitüre 22
Bohnensalat mit Anis 156
Bohnensalat mit Vanille 157
Bohnensuppe mit Schweinsfüßen
und Rippchen 121
Borschtsch mit geräuchertem Stör 124
Braisierter Hahn in Rotwein 132
Brot-Apfel-Kuchen 144
Brunsli 25
Bunter St.-Nikolaus-Gemüsesalat 42
Butter-Fisch-Paste 102
Chablis-Eis 97
Chicorée an Orangenbuttersauce
mit Seezungenröllchen 77
Chicorée mit Dörrfrüchten 77
Chicorée, mit Haselnüssen paniert* 75
Chicorée, in Zitrussaft gedünstet 75
Chicorée-Torte 76
Chicoréesalat mit Champignons,
Vanille und Orangen 157
Christmas Pudding 70
Christstollen 72
Cognac- oder Barbaraweichseln 34
Damenkränzchenpunsch 84
Damenküsse 25
Dattel-Nuß-Kuchen 49
Diskussionspunsch 85
Dörrbirnenmousse 146
Dreikönigskuchen 115
Eierpunsch 85
Eingelegte Datteln 91
Eingelegte Gans auf Winterspargel an
Orangensauce mit grünen Nüssen 69
Eingelegte Kabeljaufilets 101
Eingelegte Rollmöpse mit Kräutern 102
Eingelegte Trüffeln 135
Eingemachte Äpfel in Honig 21
Eingemachter Knoblauch, süß-scharf 172
Einlegen von Sauerrüben 106
Elisenlebkuchen 37
Emmentaler Soufflé 185
Ente mit Feigen und
Löwenzahnblütenmelasse 178
Enten-Sauerkirschen-Terrine 32
Fastnachtsküchlein 183
Feigen in Cognac 91
Feldsalat-Cremesuppe 53
Fenchelcake 149
Fencheleis 149
Fenchelkompott 149
Feuerzangenbowle 98
Feurige Kuttelsuppe 122
Fischpaste mit Kräutern 102
Fleischtorte mit Trockenfrüchten 43
Fritierte Schwarzwurzeln
mit Tomatenchutneysauce* 108
Gebackene Dörrbirnenravioli
mit Joghurt-Zimt-Sauce 147
Gebrannte Nüsse oder Mandeln 26
Gebratene Kalbsbriesnüßchen auf
Tomatenchutney und gebackene
Chicoréespitzen 68
Gebratener Chicorée, mit Haselnüssen
paniert* 75
Gebratener Knoblauch 173

Gedünsteter Chicorée an Orangenbuttersauce mit Seezungenröllchen 77
Geflügellebermousse mit Apfelsalat und süß-sauren Preiselbeeren 140
Gefrorener Plumpudding 71
Gefrorenes Nougatparfait
mit Trüffeln an Aprikosensauce mit Perzipan 138
Gefüllte Datteln 26
Gefüllte Seezunge in Meursault mit Trüffeln 167
Gefüllter, geräucherter Schweinsfuß «Zamponi» 130
Gehobelter Sbrinz mit Zitrone und Mandelöl 168
Gekochte Gerste mit Gemüseklein 167
Gekochte Sauerrüben 107
Gelee aus Zitrusfrüchten 153
Gemüse-Orangen-Ragout mit Campari 150
Gemüsesalat 42
Gerollte Salzheringe mit Kräuterbröseln 181
Gesalzene Fischpaste mit Kräutern 102
Gestürzter Apfelpudding 144
Getoastete Knoblauchbrötchen 172
Grassins 26
Grießpudding mit Rosenwasser 179
Grittibänz 40
Hafer-Honig-Kekse 81
Haferflockenkekse 27
Haselnuß-Rum-Kugeln 28
Hering, überbacken 181
Heringsfiletstreifen, süß-säuerlich gewürzt 101
Honig-Crackers 80
Honigeis 81
Honigkuchen mit Datteln und Nüssen 79
Honigküsse 80
Honigleckerli 80
Honigtaler 81
Honigwein 79
Im Ofen geschmorte Äpfel 141
In Zitrussaft gedünsteter Chicorée 75
Ingwerkekse 27
Jakobsmuscheln auf Sauerkraut mit Safranblütensauce 178
Jungente mit süß-saurer Brombeersauce 53
Kabeljau in Rotwein mit Lebkuchenbröseln 95
Kaffeepunsch 84
Kalbsbriesnüßchen auf Tomatenchutney und gebackene Chicoréespitzen 68
Kalbsbrust, mit Anis und Weißwein geschmort 163
Kalbsfiletmedaillons an Nougatsauce auf Chicorée 96
Kalbshaxe in Orange und Glühweingewürz 163
Kalbshirn-Crépinettes mit Lebkuchenbröseln 160
Kalte Knoblauchsuppe mit Weintrauben 171
Kandierte Karotten 148
Kandierter Fenchel 148
Kaninchen-Rillettes 14
Karotten-Orangen-Suppe mit Lebkuchengewürz 159
Karottenkonfitüre 21
Karottentorte im Glas 188
Karpfen mit Sauerkraut und Preiselbeerkompott 58
Kartoffelblinis mit marinierten Lachsscheiben und Preiselbeer-Meerrettich-Sahne 52
Kartoffelgratin mit Greyerzer Käse 179
Käse-Fondue mit Trüffeln 185
Kastaniencremesuppe mit Greyerzer Käse und Zimt 47
Kichererbseneintopf mit Kalbsfüßen, mit Ingwer und Safran gewürzt 160
Knoblauch, in Asche gegart 173
Knoblauch, gebraten 173
Knoblauchbutter 172
Knoblauchbrötchen 172
Knoblauchpaste 172
Kohl-Sahne-Linsen mit Ochsenschwanz 119
Kohleintopf mit Lamm und Garnelen 118
Kohlrouladen mit Sultaninen* 120
Kohlsalat 117
Kohlsuppe mit saurer Sahne 117
Königskuchen 115
Konservierte Ente 17
Kräuterlikör nach Apothekerart 87
Kümmellikör 87
Kuttelsuppe 122
Lachs-Pistazien-Terrine mit Trüffeln 46
Lammkarree auf Sauerkraut mit Lebkuchenbröseln 60
Lammrückenfilets, mit Tannenreisig geräuchert, auf Lauchgemüse mit Heidelbeeren 48
Lebenswasser 88
Leberterrine mit Zimt 158
Lebkuchenlikör 87
Lindenblütenschaumsüppchen 177
Linsensalat mit Anis 156
Luzerner Lebkuchen 37
Maiskörner mit Dörrfrüchten, überbacken 150

Makrelensuppe mit Wintergemüse
und Fenchelkraut 123
Malfatti, gefüllt mit Spinat, Ricotta und
Bärlauchpaste* 95
Mandel-Kakao-Plätzchen 28
Marinierter Seeteufel und Lachs
mit Senf-Dill-Sauce 18
Marmorierter Schokolade-Gugelhupf im
Glas 188
Miesmuschelsuppe mit Kartoffeln
und Safran 131
Mit Tannenreisig geräucherte
Lammrückenfilets auf Lauchgemüse mit
Heidelbeeren 48
Mit Trüffelsabayon überbackene Birnen 137
Mohnparfait mit
Löwenzahnblütenmelasse 54
Mokka-Pralinen 26
Mousse von Brokkoli und Gänseleber 94
Muschel-Fenchel-Cremesuppe
mit Safran 123
Nürnberger Lebkuchen 38
Nußbusserl 27
Nußlebkuchen mit Rosenwasser 38
Ochsenbrust in Gemüsegelee mit
Walnüssen 127
Ochsenschwanz-Rillettes mit
Lebkuchengewürz 15
Ochsenschwanz-Rillettes mit
Tomatenchutneysauce 12
Ochsenschwanzsalat mit Kartoffeln und
Apfelperlen 126
Ochsenschwanzsuppe mit Portwein und
Gerste 67
Öhrli, auch Hasenöhrli genannt 183
Orangenlikör 89
Orangensauce 76
Pfannkuchen mit Mandarinenbutter 44
Pochierte Birne in Holundersaft 34
Polnische Randensuppe (Borschtsch) 109
Randen, wie sie auch die Russen lieben 109
Randen-Pickles 125
Randensuppe mit geräucherter Forelle und
Meerrettichwölkchen 166
Rillettes aus Gänsefleisch 13
Rillettes mit Chicorée und Orangenfilets 12
Rillettes mit in Honig eingemachten
Äpfeln 12
Rillettes mit Kohlsalat 12
Rillettes mit Randen-Apfel-Salat 12
Rillettes mit Sauerkrautsalat 12
Rindsfiletgulasch mit Sauerkraut
an Paprika-Sauerrahm-Sauce 61
Roher Lachs an Limetten-Kräuter-Marinade
auf Feldsalat 66
Rotbarsch oder Zander
mit Meerrettich-Sahne 161
Rübenpudding* 107
Rumpunsch 84
Rumtopf mit Beeren 91
Rustikaler Kohlsalat 117
Salzheringe mit Kräuterbröseln 181
Sauerkraut in Sahne und Schaumwein mit
süß-sauren Preiselbeeren 57
Sauerkraut mit gegrillten
Scampischwänzchen 59
Sauerkraut mit Miesmuscheln 59
Sauerkraut, Grundrezept 57
Sauerkraut-Vollkornteigtäschchen
mit Salbei und brauner Butter* 60
Sauerkraut-Vollkornstrudel* 61
Sauerkrautkuchen mit Nüssen
und Rosinen* 58
Sauerkrautsalat 56
Sauerrüben 107
Scharfe Knoblauchsauce
mit Haselnüssen 173
Schenkeli 183
Schneepflügerpunsch 83
Schokolademousse mit Karotten 151
Schokoladedukaten 29
Schokoladetrüffeln mit Minze 29
Schwarzwälder Punsch 83
Schwarzwurzel-Mokka-Bavaroise 151
Schwarzwurzeln mit
Tomatenchutneysauce* 108
Schwarzwurzelsuppe mit Anis 108
Schweinefleisch-Rillettes 14
Seeteufelragout an Anissauce 162
Seeteufelragout mit Chicorée
an Orangensauce 76
Seezunge in Meursault mit Trüffeln 167
Senf-Dill-Sauce 18
Silvesternachtsbrot 98
Steinbuttfilets auf Lauchgemüse
mit grünen Walnüssen 33
Suppeneintopf mit Huhn, Lauch
und Backpflaumen 125
Süß-säuerlich gewürzte
Heringsfiletstreifen 101
Süße Apfel-Trüffel-Suppe 135
Süße Topinamburs 152
Süßer Chicoréesalat 148
Tabakrollen, mit eingelegten Beeren
gefüllt 133
Topinamburchips 111
Topinamburgratin 152
Topinamburmousse 152
Topinambursalat 111

Topinambursuppe mit Haselnüssen 33
Topinambursuppe mit Zimt 112
Topinambur-Trüffel-Soufflé 113
Topinamburs mit Knoblauch* 112
Topinamburs, in Rotwein gedünstet* 113
Topinamburs, überbacken* 112
Trüffelmousse 139
Trüffelquarktorte 136
Trüffelsahneeis 138
Trüffelsoufflé 137
Trüffelwürste 182
Überbackene Maiskörner mit Dörrfrüchten 150
Überbackene Topinamburs* 112
Überbackener Hering 181
Vanillekipferl 28
Vanillelikör 88
Wassail-Bowle 83
Weihnachtsbaumstamm mit Kastanien 73
Weihnachtsbrot (Vörtlimpor) 71
Weinsauerkraut 56
Weiße Schokoladetrüffeln mit schwarzen Trüffeln 139
Weißkohlklöße mit Greyerzer Käse* 118
Weißrübengratin* 107
Whiskypunsch 84
Winterkräuterlikör 88
Zimtsterne 29
Zitronen-Eier-Likör 89
Zitronenkonfitüre mit Minze 22